小惑星 B612 の王子さま
Le petit prince sur l'astéroïde B 612.

僕が思うに、王子さまは逃げだすとき、野鳥の渡りを利用したのだろう。
Je crois qu'il profita, pour son évasion, d'une migration d'oiseaux sauvages.

Antoine de Saint-Exupéry

Le Petit Prince

王様
le roi

自惚れや
le vaniteux

呑兵衛
le buveur

　王子さまの花は、この宇宙で自分はこの種の唯一の花だと言っていた。ところが今、たった一つの庭によく似た花が五千本も咲いている。

Sa fleur lui avait raconté qu'elle était seule de son espèce dans l'univers. Et voici qu'il en était cinq mille, toutes semblables, dans un seul jardin !

「君とは遊べないよ」と狐は言った。「手なずけてもらってないからね」
Je ne puis pas jouer avec toi, dit le renard. Je ne suis pas apprivoisé.

「もうあっちへ行って」と王子さまが言った。
「ここから降りるから！」

Maintenant, va-t'en, dit-il... je veux redescendre !

渋谷 豊
編著

対訳

フランス語で読む
「星の王子さま」

Antoine de Saint-Exupéry
Le Petit Prince

白水社

音声DL

本書付属の音声は、白水社のウェブサイトで一括ダウンロードまたはストリーミングすることができます。
https://www.hakusuisha.co.jp/news/lepetitprince

ユーザー名：hakusuisha
パスワード：9936

　　　　　　　　＊　　　　　＊　　　　　＊

付属音声には、以下の2種類あります。

① ***Le Petit Prince* 本文抜粋　全53トラック**（約62分）
　　本書でとりあげる、53の名場面が収録されています。各ページに掲載されたQRコードからもお聞きになれます。

② ***Le Petit Prince* 全文　全29トラック**（約105分）
　　原書全文（献辞、I〜XXVII（1~27）章、エピローグ）が、章ごとに収録されています。

　　例）トラック1：タイトルと献辞（レオン・ヴェルトへ）
　　　　トラック2：I（第1章）
　　　　トラック3：II（第2章）
　　　　　〳
　　　　トラック27：XXVI（第26章）
　　　　トラック28：XXVII（第27章）
　　　　トラック29：エピローグ

　　　　　　ブックデザイン　　：　mg-okada
　　　　　　DTP組版　　　　　：　閏月社
　　　　　　ナレーション　　　：　Georges Veyssière

はじめに

　数ある20世紀フランス文学の傑作の中でも、サン゠テグジュペリの *Le Petit Prince* ほど世界中で広く愛されている作品は稀でしょう。舞台化や映画化されることもたびたびです。わが国でも内藤濯の名高い翻訳『星の王子さま』などを通して幅広い読者に親しまれてきました。この名作をぜひフランス語で読んでみましょう。原文の一つ一つの言葉の重さを確かめ、文章のリズムや口調の変化に注意しながらじっくりと時間をかけて読み進める喜びは格別です。原典に当たって初めて見えてくることも少なくないでしょう。

　驚異に満ちた子供の世界への扉であり、人生を味わいつくした大人の知恵の宝庫でもあるこの作品は、そのすべてが読みどころだと言ってよいでしょうが、本書にはその中でも特に印象に残る名場面を選りすぐってあります。原典は全27章と献辞、エピローグから成りますが、本書の左ページの仏文テキストの末尾のローマ数字は、原典の章を示しています。全体を二部構成とし、ページごとにタイトルを付けたのは本書独自の工夫です。

　Le Petit Prince の魅力は著者による挿絵にもあります。本書の口絵などで目を楽しませながら読み進めていただければと思います。また *Le Petit Prince* は詩のように音楽性豊かな言葉で編まれた作品、いわば耳で楽しむ物語でもあります。ジョルジュ・ヴェスィエール氏の美しい朗読が、この作品の魅力をさらに深めてくれるに違いありません。音源は、本書でとりあげた箇所の朗読の他に、作品全体の朗読も用意しました。本書によって *Le Petit Prince* の醍醐味を堪能した上で、さらに一歩進んで *Le Petit Prince* の全文読破にチャレンジする際に役立てていただけたらと願っています。

　本書の作成に当たって白水社編集部の鈴木美登里さんに大変お世話になりました。この場をお借りしてお礼を申し上げます。

2025年3月　編著者

目次

はじめに　11

1. *Dédicace* 献辞　16

*1*部　原書Ⅰ～ⅩⅤ章（王子さまとの出会い／王子さまの星めぐり）

2. *Les dessins de serpents boas* (1)　蛇のボアの絵 (1)　20

3. *Les dessins de serpents boas* (2)　蛇のボアの絵 (2)　22

4. *Les dessins de serpents boas* (3)　蛇のボアの絵 (3)　24

5. *Dessine-moi un mouton…* (1)　羊の絵を描いて……(1)　26

6. *Dessine-moi un mouton…* (2)　羊の絵を描いて……(2)　28

7. *Dessine-moi un mouton…* (3)　羊の絵を描いて……(3)　30

8. *Dessine-moi un mouton…* (4)　羊の絵を描いて……(4)　32

9. *Tu viens donc d'une autre planète ?*　じゃあ、君はよその星から来たの？　34

コラム　サン＝テグジュペリの生涯──飛行機と文学　36

10. *Si j'essaie ici de le décrire…*　ここであの子の話をしようとするのは……　38

11. *Le jour des quarante-quatre fois*　四十四回の日　40

12. *La guerre des moutons et des fleurs* (1)　羊と花の戦争 (1)　42

13. *La guerre des moutons et des fleurs* (2)　羊と花の戦争 (2)　44

14. *La guerre des moutons et des fleurs* (3)　羊と花の戦争 (3)　46

15. *La guerre des moutons et des fleurs* (4)　羊と花の戦争 (4)　48

コラム　ミニブックガイド　50

コラム　アメリカでの亡命生活　51

16. *Une fleur orgueilleuse* (1)　気位の高い花 (1)　52

17. *Une fleur orgueilleuse* (2)　気位の高い花 (2)　54

18. *Une fleur orgueilleuse* (3)　気位の高い花 (3)　56

19. *Une fleur orgueilleuse* (4) 気位の高い花 (4) 58

20. *Une fleur orgueilleuse* (5) 気位の高い花 (5) 60

21. *L'astéroïde du roi* (1) 王様の星 (1) 62

22. *L'astéroïde du roi* (2) 王様の星 (2) 64

23. *L'astéroïde du roi* (3) 王様の星 (3) 66

24. *L'astéroïde du roi* (4) 王様の星 (4) 68

25. *L'astéroïde du roi* (5) 王様の星 (5) 70

*2*部　原書 XVI〜XXVII 章 (王子さまと地球／王子さまとの別れ)

26. *Un anneau couleur de lune* (1) 月の色の輪 (1) 74

27. *Un anneau couleur de lune* (2) 月の色の輪 (2) 76

28. *L'écho* こだま 78

コラム　地球　80

29. *Le jardin de roses* 薔薇の庭 82

30. *Qu'est-ce que signifie "apprivoiser"?* (1)
　　手なずけるってどういう意味? (1) 84

31. *Qu'est-ce que signifie "apprivoiser"?* (2)
　　手なずけるってどういう意味? (2) 86

32. *Qu'est-ce que signifie "apprivoiser"?* (3)
　　手なずけるってどういう意味? (3) 88

33. *Qu'est-ce que signifie "apprivoiser"?* (4)
　　手なずけるってどういう意味? (4) 90

34. *Qu'est-ce que signifie "apprivoiser"?* (5)
　　手なずけるってどういう意味? (5) 92

35. *On ne peut pas mourir pour vous.* きみたちのためには死ねない 94

36. *Voici mon secret* おいらの秘密 96

コラム　ニューヨークの恋　98

コラム　ザイル・パーティ　99

37. *Un marchand de pilules*　薬売り　100
　コラム　風変わりな地理の授業　102

38. *À la recherche d'un puits* (1)　井戸を探して (1)　104
39. *À la recherche d'un puits* (2)　井戸を探して (2)　106
40. *À la recherche d'un puits* (3)　井戸を探して (3)　108
41. *Le chant de la poulie* (1)　滑車の歌 (1)　110
42. *Le chant de la poulie* (2)　滑車の歌 (2)　112

　コラム　一種完璧な状態　114
　コラム　事故の履歴　115

43. *Le sentiment de l'irréparable* (1)
　　　　取り返しのつかないことの予感 (1)　116

44. *Le sentiment de l'irréparable* (2)
　　　　取り返しのつかないことの予感 (2)　118

45. *Le sentiment de l'irréparable* (3)
　　　　取り返しのつかないことの予感 (3)　120

46. *Le sentiment de l'irréparable* (4)
　　　　取り返しのつかないことの予感 (4)　122

47. *Je vais te faire un cadeau* (1)　きみにプレゼントがあるんだ (1)　124
48. *Je vais te faire un cadeau* (2)　きみにプレゼントがあるんだ (2)　126
49. *L'heure de la séparation* (1)　別れのとき (1)　128
50. *L'heure de la séparation* (2)　別れのとき (2)　130

　コラム　子供時代　132

51. *Et maintenant bien sûr, ça fait six ans déjà... (1)*
今ではもう六年も前のことになるが……（1）　134

52. *Et maintenant bien sûr, ça fait six ans déjà... (2)*
今ではもう六年も前のことになるが……（2）　136

53. *Épilogue – le plus beau et le plus triste paysage du monde*
エピローグ——世界で最も美しく、最も悲しい風景　138

コラム　冒険家たち——サン＝テグジュペリ受容の一側面　140

サン＝テグジュペリ年譜　142

Le Petit Prince の日本語タイトル「星の王子さま」は、1953 年に刊行された岩波少年文庫の
翻訳者、内藤濯氏の創案によります。

1. *Dédicace*

À Léon Werth[1].

 Je demande pardon[2] aux enfants d'avoir dédié ce livre à une grande personne[3]. J'ai une excuse sérieuse : cette grande personne est le meilleur ami que[4] j'ai au monde. J'ai une autre excuse : cette grande personne peut tout[5] comprendre, même les livres pour enfants. J'ai une troisième excuse : cette grande personne habite la France où[6] elle a faim et froid. Elle a bien besoin d'être consolée. Si toutes ces excuses ne suffisent pas, je veux bien dédier ce livre à l'enfant qu'a été autrefois cette grande personne[7]. Toutes les grandes personnes ont d'abord été des enfants. (Mais peu d'entre elles[8] s'en[9] souviennent.) Je corrige donc ma dédicace :

À Léon Werth
quand il était petit garçon.

Note 1) Léon Werth：レオン・ヴェルト (1878-1955)。フランス北部ヴォージュ県出身のユダヤ人。ジャーナリスト、作家、思想家　2) demander pardon à ... de 〜：…に〜を詫びる　3) grande personne：(子供の言葉で) 大人　4) que：関係代名詞。先行詞は le meilleur ami。先行詞に最上級の形容詞が付くと、一般に que 以下の関係詞節で接続法が用いられるが、現実の事実を述べている場合はこのルールの適用外になる　5) tout：不定代名詞。すべて、すべてのもの。comprendre の直接目的語　6) où：場所を表す語を先行詞にする関係代名詞　7) que：関係代名詞。先行詞は l'enfant で、関係詞節中の動詞 a été の属詞。関係詞節の中で主語と述語が倒置されている。cf., Cette grande personne a été autrefois un enfant.　8) elles = toutes les grandes personnes　9) en = de cela。cela は前文の内容を受ける

1. 献辞

レオン・ヴェルトへ

　この本を大人の人に捧げたことを、子供たちにあやまりたい。大事なわけがあってのことだ。その大人は僕にとってこの世で一番の親友なんだ。それに、もう一つわけがある。その人はどんなことでも理解できちゃう人なんだ。たとえ子供向けの本でもね。それから、三つ目のわけもある。その人は今フランスにいて、お腹を空かして寒い思いをしている。どうしても慰めてあげなきゃいけないんだ。これだけ言ってまだ足りなければ、その人も昔は子供だったんだから、この本はその子供に捧げることにする。どんな大人も最初は子供だったんだからね。(それを覚えている大人はほとんどいないけど。) というわけで、献辞をこう書きかえよう。

小さな男の子だった頃の
レオン・ヴェルトへ

読解のポイント

この作品を貫く〈子供 vs. 大人〉のテーマがすでに献辞に表れています。作者は明らかに子供の側に肩入れしていて、子供たちに向かって、子供っぽい言葉を交えて話しかけています。子供たちと同じ目線に立とうとしているようです。とはいえ、この作品を「大人の人」(あるいは子供だった頃のその人) に捧げるというのですから、大人を完全に排除しているわけではありません。杓子定規に「○○歳以上はダメ！」というのとは違うのでしょう。
　レオン・ヴェルトはサン゠テグジュペリより22歳年上のユダヤ人です。『星の王子さま』が刊行されたとき、フランスはナチス・ドイツの占領下にあり、レオン・ヴェルトは迫害を逃れるために隠伏生活を余儀なくされていました。「今フランスにいて、お腹を空かして寒い思いをしている」の一文はそうした事情を暗示しています。『星の王子さま』の作者は歴史的現実を忘れて空想の世界に遊んでいたわけではありません。

1 部

(原書 I 〜 XV 章)

2. Les dessins de serpents boas (1)

Lorsque j'avais six ans j'ai vu[1], une fois[2], une magnifique image, dans un livre sur la forêt vierge qui s'appelait *Histoires vécues*. Ça représentait un serpent boa[3] qui avalait un fauve. Voilà la copie du dessin.

On disait dans le livre : « Les serpents boas avalent leur proie tout entière[4], sans la[5] mâcher. Ensuite ils ne peuvent plus bouger et ils dorment pendant les six mois de leur digestion. »

J'ai alors beaucoup réfléchi sur les aventures de la jungle et, à mon tour[6], j'ai réussi[7], avec un crayon de couleur, à tracer mon premier dessin. Mon dessin numéro 1. Il était comme ça : 　　　　　(Ⅰ)

Note　1) ai vu：voir の直説法複合過去。しばらく（単純過去ではなく）複合過去と半過去を併用する回想の文章が続く　2) une fois：一度、かつて　3) serpent boa：ボアという蛇。boa とだけ言えば済むところをわざわざ serpent boa と言うのは、boa という言葉を知らない読者（=子供たち）への配慮か。ボアは主に熱帯に分布する全長約4メートルの大型の蛇。無毒　4) entière < entier：全体の、全部の。直前の tout は強調の副詞　5) la = leur proie　6) tour：（多く所有形容詞とともに）順番。à mon tour：今度は僕が　7) réussir à + 不定詞：〜に成功する

2. 蛇のボアの絵 (1)

　六歳のとき、「本当にあった話」という原生林にかんする本の中で、素敵なイラストを見た。猛獣を飲み込む蛇のボアの絵だった。これがその写し。

　本にはこう書いてあった。「ボアという蛇は獲物を噛まずに丸ごと飲み込む。すると、もう動けなくなって、獲物を消化する六か月の間ずっと眠りつづけている」

　そこで僕はジャングルの冒険にたっぷり思いを凝らした上で、自分で色鉛筆を使って人生初の絵を描きあげた。僕の絵ナンバーワン。それはこんな絵だった。

読解のポイント

『星の王子さま』の文体上の特色の一つは、語り手による地の文の中に、複合過去と単純過去が混在することにあります。複合過去は話し言葉で使用される時制で、現在とつながりのある過去の事実を主観的に表します。一方、単純過去は現在とはかかわりのない過去（完全に過ぎ去った過去）の行為や出来事を表すもので、書き言葉でのみ使用され、歴史や物語を客観的に叙述するのに適しています。

　直説法半過去は複合過去とも単純過去ともごく普通に併用されます。地の文が単純過去を主調とする場合でも、登場人物のせりふの中に複合過去が現れることは奇とするに足りません。

　『星の王子さま』では冒頭からしばらくの間、語り手の「僕」がもっぱら複合過去を使って、自分の半生をくだけた口調で振り返ります。「昔々あるところに……」Il était une fois... で始まり、単純過去を主調とする伝統的なおとぎ話とはスタイルがはっきりと異なります。ただし、そのうち単純過去も使われるようになるはずです。二つの過去時制の使い分けに注意して読みすすめましょう。

21

3. Les dessins de serpents boas (2)

J'ai montré mon chef-d'œuvre aux grandes personnes et je leur ai demandé[1] si mon dessin leur faisait peur[2].

Elles m'ont répondu : « Pourquoi un chapeau ferait[3]-il peur ? »

Mon dessin ne représentait pas un chapeau. Il représentait un serpent boa qui digérait un éléphant. J'ai alors dessiné l'intérieur du serpent boa, afin que les grandes personnes puissent[4] comprendre. Elles[5] ont toujours besoin d'explications. Mon dessin numéro 2 était comme ça :　　　　　　　　　　　　　　　　　　　　　　（Ⅰ）

Note　1) demander à ... si 〜：…に〜かどうか訊ねる。leur = aux grandes personnes　2) faire peur à：〜を怖がらせる。こちらの leur も aux grandes personnes　3) ferait：faire の条件法現在。語気緩和の用法　4) puissent：pouvoir の接続法現在。afin que に導かれる節の中では接続法が用いられる　5) Elles = les grandes personnes

3. 蛇のボアの絵 (2)

　僕は快心の一作を大人たちに披露して、この絵が怖いかどうか訊いてみた。

　大人たちは答えた。「どうして帽子を怖がるんだい?」

　僕が描いたのは帽子じゃなかった。象を消化しているボアだった。そこで僕は大人たちにも分かるように、ボアの体の中を描いた。大人ってのはいつだって説明してやらなきゃだめなんだ。僕の絵のナンバーツーはこんなだった。

読解のポイント

〈目に見えるものと見えないもの〉という作品全体の重要な主題を予告するこの提示部において、印象的なのはやはり二つのボアの絵です。この絵に限らず、『星の王子さま』の挿絵はすべてサン゠テグジュペリの手になります。彼は子供の頃から絵を描くのが好きで、家族や友人に送った手紙にはデッサンが添えられているものが少なくありません。カフェで彼がいたずら書きした少年の絵が、『星の王子さま』執筆の出発点になったという説もあります。

　この作品の挿絵はただの添え物ではありません。挿絵を省いてしまうと、文意がとりにくくなることがあります。テキストの一部を挿絵が肩代わりしている場合などです。また、このボアのくだりのように、挿絵をめぐって言葉が連ねられることもあります。テキストがいわば挿絵の注釈になっているわけです。イメージと言葉が不可分な一体をなす作品をイコノテクスト iconotexte と呼びますが、『星の王子さま』はまさに典型的なイコノテクストだと言えるでしょう。

4. Les dessins de serpents boas (3)

▶4

Les grandes personnes m'ont conseillé[1] de laisser de côté[2] les dessins de serpents boas ouverts ou fermés, et de[3] m'intéresser plutôt à la géographie, à l'histoire, au calcul et à la grammaire. C'est ainsi que[4] j'ai abandonné, à l'âge de six ans, une magnifique carrière de peintre. J'avais été découragé[5] par l'insuccès de mon dessin numéro l et de mon dessin numéro 2. Les grandes personnes ne comprennent jamais rien toutes seules[6], et c'est fatigant, pour les enfants, de[7] toujours et toujours leur donner des explications.

J'ai donc dû choisir un autre métier et j'ai appris à piloter des avions. J'ai volé un peu partout dans le monde. Et la géographie, c'est exact[8], m'a beaucoup servi. Je savais reconnaître[9], du premier coup d'œil, la Chine de l'Arizona. C'est très utile, si l'on s'est égaré pendant la nuit.

J'ai ainsi eu, au cours de ma vie, des tas de[10] contacts avec des tas de gens sérieux. J'ai beaucoup vécu chez les grandes personnes. Je les[11] ai vues de très près[12]. Ça n'a pas trop amélioré mon opinion.　　（Ⅰ）

Note　1) conseiller à ... de＋不定詞：…に～するよう勧める　2) laisser de côté：～をわきにおいておく　3) conseillé *de* laisser の de と同様 conseillé に掛かる　4) C'est ainsi que ～：そういうわけで～する　5) décourager の受動態の直説法大過去。大過去は過去のある時点（ここでは「僕」が画家の道を諦めた時点）ですでに完了している行為、出来事を表す　6) toutes seules は Les grandes personnes に掛かる。ひとりきりで、自分たちだけで。副詞の tout は子音、有音の h で始まる女性形容詞の前で性数の変化をして toute(s) となる　7) c'est ... de＋不定詞：～するのは…だ　8) この c'est exact は挿入節　9) savoir＋不定詞：～できる。savoir は生まれつきの、或いは学習して身に着けた能力について使われるのに対し、pouvoir は外的条件の下での可能性を問題とする。例：Je ne sais pas nager. 私は金づちだ。Je ne peux pas nager, je suis malade. 病気だから泳げない　10) des tas de＋無冠詞名詞：多数の～　11) les = les grandes personnes　12) de près：間近から、注意深く。très は強調の副詞

4. 蛇のボアの絵 (3)

　大人たちは、中が見えていようがいまいが、とにかくボアの絵なんかは放っておいて、それより地理や歴史や計算や文法に目を向けてごらんと言った。こうして僕は六歳のとき、画家というすばらしい仕事に就くのを諦めた。ナンバーワンとナンバーツーの絵が不評だったせいで、やる気をなくしてしまったんだ。大人ってのは自分たちだけではぜったいに何一つ分からない。大人たちにいつもいつも説明してやらなきゃならないなんて、子供にしてみりゃしんどい話だ。

　そんなわけで僕は別の職業を選ばなければならなくなって、飛行機の操縦を学んだんだ。そして世界中をほとんどくまなく飛び回った。で、確かに地理は大いに役に立った。何しろ一目で中国とアリゾナの区別がついたからね。こういうのは夜中に迷ったとき、すごく助かるんだ。

　こうしてこれまでの人生で、うんざりするほど多くのまじめな連中と、うんざりするほど何度も付き合ってきたってわけさ。大人たちの世界にどっぷり浸かって生きてきたんだ。彼らをごく間近で見てきたんだよ。だからと言って、それで僕の意見ががらりと変わりもしなかったけどね。

読解のポイント

語り手の「僕」の言葉にはときどき皮肉やユーモラスな当てこすりが混じります。「確かに地理は大いに役に立った」のくだりもそうです。実際、中国とアリゾナを区別できたとして、命がけで夜間飛行に挑んでいるパイロットにとってそれが何でしょう。「僕」は読者である子供たちにいたずらっぽくウィンクしながら、「学校で習う地理なんか何の足しにもならないよ」と仄めかしているのです。では、どんな地理の授業なら役に立つのでしょうか。102ページのコラム「風変わりな地理の授業」をご覧ください。

5. *Dessine-moi un mouton...* (1)

J'ai ainsi vécu seul, sans personne avec qui parler[1] véritablement, jusqu'à une panne dans le désert du Sahara, il y a six ans[2]. Quelque chose s'était cassé[3] dans mon moteur. Et comme je n'avais avec moi ni mécanicien, ni passagers, je me préparai à[4] essayer de réussir, tout seul, une réparation difficile. C'était pour moi une question de vie ou de mort. J'avais à peine[5] de l'eau à boire pour huit jours.

Le premier soir je me suis donc endormi sur le sable à mille milles de toute terre habitée. J'étais bien plus isolé qu'un naufragé sur un radeau au milieu de l'océan. Alors vous[6] imaginez ma surprise, au lever du jour, quand une drôle de[7] petite voix m'a réveillé. Elle disait :

« S'il vous plaît... dessine-moi un mouton[8] !

— Hein !

— Dessine-moi un mouton... »

J'ai sauté sur mes pieds comme si j'avais été frappé[9] par la foudre. J'ai bien frotté mes yeux. J'ai bien regardé. Et j'ai vu un petit bonhomme tout à fait extraordinaire qui me considérait gravement.　　(Ⅱ)

Note　1) 不定詞 parler の意味上の主語は je。avec qui je puisse parler ... の意味。前置詞＋関係代名詞（この場合は avec qui）の後に動詞が不定詞のまま置かれることがある　2) il y a ＋時間：今から〜前に　3) s'était cassé：se casser の直説法大過去　4) se préparer à ＋不定詞：〜する覚悟を決める。préparai は préparer の直説法単純過去。ここまで複合過去が用いられていたが、ここで初めて書き言葉である単純過去が現れる。その後も複合過去は使用されるが、単純過去が主調となる　5) à peine：ほとんど〜ない　6) この vous は読者（＝子供たち）　7) un(e) drôle de ＋名詞：変な〜。drôle は名詞に性数一致する　8) vous に対する呼びかけである S'il vous plaît の後に tu に対する命令文 dessine-moi un mouton が続くのは変。子供っぽく感じられる　9) avais été frappé：frapper の受動態の直説法大過去。comme si ＋直説法半過去または大過去：あたかも〜のように。過去のことがらについては大過去を用いる

5. 羊の絵を描いて……（1）

　こうして僕は本気で話せる相手もないまま、ずっと一人きりで生きてきて、六年前にサハラ砂漠で飛行機の故障に見舞われたんだ。エンジンの中で何かが壊れてしまっていた。整備士も乗客もいなかったから、たった一人で難しい修理をやり遂げる覚悟を決めた。僕にとっては生きるか死ぬかの問題だった。一週間分の飲み水があるかないかだった。

　そんなわけで最初の晩は、人の住むすべての土地から千マイル離れた砂の上で眠ったんだ。大海原の真ん中で筏に乗っている遭難者よりも独りぼっちだった。だから、想像できるだろう、夜明けに変わった小さな声で起こされたときの僕の驚きを。その声はこう言っていた。

　「おねがい……羊の絵を描いて」

　「えっ」

　「羊の絵を描いて……」

　僕は雷に打たれたみたいに飛び起きた。よく目を擦り、よく目を凝らした。すると、思いつめたようにこちらを見詰めている、ひどく風変わりな坊やがそこにいたんだ。

読解のポイント

遭難したパイロットがサハラ砂漠の真ん中でいきなり「おねがい……羊の絵を描いて」と声をかけられるという、作者の天才の証とも言うべき奇想天外な場面とともに、いよいよ物語が本格的に動きはじめたようです。さしあたって今は、それが明け方の出来事だったということを記憶に留めましょう。

　「夜明けに」au lever du jour という表現は、『星の王子さま』全編を通じて3つのシーンで計4回使用され、そのすべてのシーンでかならず何かしら常識では理解できない不思議な現象が生じます。どうやら奇跡は曙光と手を携えて訪れるようです。

6. Dessine-moi un mouton... (2)

Je regardai donc cette apparition[1] avec des yeux tout ronds d'étonnement. N'oubliez pas que je me trouvais à mille milles de toute région habitée. Or mon petit bonhomme ne me semblait ni égaré, ni mort de fatigue, ni mort de faim, ni mort de soif, ni mort de peur. Il n'avait en rien[2] l'apparence d'un enfant perdu au milieu du désert, à mille milles de toute région habitée. Quand je réussis enfin à parler, je lui dis :

« Mais... qu'est-ce que tu fais là ? »

Et il me répéta alors, tout doucement, comme une chose très sérieuse :

« S'il vous plaît... dessine-moi un mouton... »

Quand le mystère est trop impressionnant, on n'ose pas désobéir. Aussi absurde que cela me semblât[3] à mille milles de tous les endroits habités et en danger de mort, je sortis[4] de ma poche une feuille de papier et un stylographe[5]. Mais je me rappelai alors que j'avais surtout étudié la géographie, l'histoire, le calcul et la grammaire et je dis au petit bonhomme (avec un peu de mauvaise humeur) que je ne savais pas dessiner. Il me répondit :

« Ça ne fait rien[6]. Dessine-moi un mouton. »　　　　　（Ⅱ）

Note　　1) apparition：出現、登場。幻、亡霊の意味もある　2) en rien：どんな点でも〜ない。On n'apprécie en rien mon idée.：私の考えはまったく評価してもらえない　3) aussi＋形容詞＋que＋接続法：いくら〜であろうとも。Aussi riche qu'elle soit：彼女がいくら金持ちでも。semblât は sembler の接続法半過去　4) この sortis (< sortir) は他動詞。sortir A de B：B から A を出す　5) stylographe：［古］万年筆　6) Ça ne fait rien.：何でもない、かまわない。

6. 羊の絵を描いて……（2）

　それで僕は驚きで目をまん丸にして、このまぼろしをじっと見つめたんだ。忘れないでほしいのは、すべての人里から千マイル離れたところにいたってこと。それなのに、この坊やはうろたえている様子もないし、疲労で死にそうでも、飢えで死にそうでも、渇きで死にそうでも、恐怖で死にそうでもなかった。どう見ても、砂漠の真ん中で迷子になった子には見えなかった。すべての人里から千マイル離れたところで迷子になった子には、ね。僕はようやく口が利けるようになると、こう話しかけた。

　「だけど……ここで何をしているの」

　するとその子は何かひどくまじめな話をするみたいに、とても小さな声でこう繰り返した。

　「おねがい……羊の絵を描いて……」

　人はあまりにも強烈な神秘に出くわすと、逆らう気力をなくすものだ。人が住むすべての場所から千マイル離れたところで死の危険に晒されているというのにばかげているとは思ったが、それでも僕はポケットから一枚の紙と万年筆をとり出した。だが、これまで勉強したのはもっぱら地理、歴史、計算、文法だったことを思い出し、その坊やに向かって（少し不機嫌な調子で）絵は描けないと伝えた。

　「いいから。羊の絵を描いて」

読解のポイント

à mille milles de toute région habitée　という表現とそのヴァリアントが繰り返し現れることに注意しましょう。また、この表現の内部に、同音の語（mille / milles）を連ねる言葉遊びが含まれていることにも。『星の王子さま』の文体上の特色は、反復表現が頻繁に用いられる点にもあります。反復表現は文脈によって効果を変え、ときにユーモラス、ときに荘重な響きを持ちます。このくだりは読者を異次元空間に誘う呪文を思わせないでしょうか。

7. Dessine-moi un mouton… (3)

Alors j'ai dessiné.

Il regarda attentivement, puis :

« Non ! Celui-là est déjà très malade. Fais-en[1] un autre. »

Je dessinai :

Mon ami sourit gentiment, avec indulgence :

« Tu vois bien… ce n'est pas un mouton, c'est un bélier[2]. Il a des cornes… »

Je refis donc encore mon dessin :

Mais il fut refusé, comme les précédents :

« Celui-là est trop vieux. Je veux un mouton qui vive[3] longtemps. »

(II)

Note 1) en：中性代名詞。en を使わずに書けば Fais un autre mouton　2) bélier：雄羊。mouton は羊一般を指す。ただし、特に去勢された雄の羊を意味することもある　3) vive：vivre の接続法現在。un mouton が願望を表す動詞 vouloir の目的語であるため、un mouton を形容する関係節の中で接続法が用いられる

7. 羊の絵を描いて……（3）

長い間絵を描いたことなどなかった「僕」は逡巡しますが、
結局、「坊や」の頼みを聞き入れます。

そこで僕は描いた。

その子は注意深く見つめ、そして……

「だめだよ。この羊はもうひどい病気だ。別のを描いて」

僕は描いた。

我が友は優しく、寛大に微笑んだ。

「わかるよね……。これは羊じゃなくて雄羊だ。角が生えてる……」

それでまた描きなおした。

だが、その絵も前のと同様、却下された。

「この羊は年を取りすぎてる。長生きする羊がほしいんだ」

読解のポイント

3つの羊のデッサンはどれもやや素朴すぎるようにも思えますが、これは当然と言えば当然です。6歳で絵を断念した人間が、云十年ぶりに突然の依頼に応えてペンをとり、息をのむような傑作をスラスラとものしたらそれこそ驚きです。この素朴さは物語のロジックに適っています。

もっとも、素朴なのはじつはこの羊のデッサンに限りません。『星の王子さま』の挿絵の多くはある種のぎこちなさを纏っていて、それがいわゆる「ヘタウマ」の独特な味わいを生んでいます。子供が描いた絵のようだと言ってもよいでしょう。まるでサン＝テグジュペリがこの本を子供の気分で満たすために、敢えて稚拙な風合いの絵を志向したかのようなのです。

8. Dessine-moi un mouton… (4)

Alors, faute de[1] patience, comme j'avais hâte de[2] commencer le démontage de mon moteur, je griffonnai ce dessin-ci[3] :

Et je lançai[4] :

« Ça c'est la caisse. Le mouton que tu veux est dedans. »

Mais je fus bien surpris de voir[5] s'illuminer le visage de mon jeune juge :

« C'est tout à fait comme ça que je le[6] voulais ! Crois-tu qu'il faille[7] beaucoup d'herbe à ce mouton ?

— Pourquoi ?

— Parce que chez moi c'est tout petit…

— Ça suffira sûrement. Je t'ai donné un tout petit mouton. »

Il pencha la tête vers le dessin :

« Pas si[8] petit que ça… Tiens ! Il s'est endormi… »

Et c'est ainsi que je fis la connaissance du[9] petit prince.　　（Ⅱ）

Note　1) faute de ＋無冠詞名詞：〜がなければ、〜がないので　2) avoir hâte de ＋不定詞：〜することを切望する　3) ce dessin-ci は下の挿絵を指す　4) lançai : lancer の単純過去。(言葉を)投げつける、言い放つ　5) 知覚動詞の voir。不定詞 s'illuminer の意味上の主語は le visage de mon jeune juge　6) le = le mouton　7) falloir の接続法現在。Crois-tu が疑問文のため、従属節で接続法が用いられる　8) 否定文や疑問文では同等比較の aussi の代わりに si が用いられる　9) faire la connaissance de 〜：〜と知り合いになる

8. 羊の絵を描いて……（4）

　早くエンジンの分解に取りかかりたい僕はもう我慢できず、そこにある絵を大急ぎで描きあげた。

　そして言ってやった。

　「これは箱だ。君がほしがっている羊はこの中だ」

　ところが驚いたことに、我が年若き審査官の顔がぱっと輝くのがわかったんだ。

　「ちょうどこんな感じの羊がほしかったんだ。この羊には草がたくさん要るのかな」

　「どうして」

　「だって、ぼくのところはとても小さいから……」

　「だいじょうぶだ。とても小さい羊をあげたんだから」

　その子は絵に顔を近づけた。

　「そんなに小さくないよ……。あれ、寝ちゃってる……」

　こんなふうにして僕は小さな王子さまと知り合ったんだ。

読解のポイント

ついに le petit prince という名称が本文に現れました。この呼び名の中の形容詞petit には「体が小さい」や「幼い」の意味とともに、「かわいい」のニュアンスがあります。また、童話の世界にはこの petit(e) という語を冠した登場人物が少なくないことも指摘しておきましょう。例えばシャルル・ペローの「親指太郎」*Le Petit Poucet* や「赤ずきんちゃん」*Le Petit Chaperon rouge* の主人公がそうです。デンマークの作家アンデルセンの「人魚姫」のヒロインも、フランス語訳では la petite sirène と呼ばれます。小さな王子さまはその名称に含まれた petit の一語によって、何世代にも亘って人々の心に住みつづけてきた童話の主人公たちと結ばれているのです。

9. Tu viens donc d'une autre planète ?

▶9

Il me fallut longtemps pour comprendre d'où[1] il venait. Le petit prince, qui me posait beaucoup de questions, ne semblait jamais entendre les miennes[2]. Ce sont des mots prononcés par hasard[3] qui, peu à peu, m'ont tout révélé. Ainsi[4], quand il aperçut pour la première fois mon avion (je ne dessinerai pas mon avion, c'est un dessin beaucoup trop compliqué pour moi) il me demanda :

« Qu'est-ce que c'est que cette chose-là ?

— Ce n'est pas une chose. Ça vole. C'est un avion. C'est mon avion. » Et j'étais fier de lui apprendre que je volais. Alors il s'écria :

« Comment ! tu es tombé du ciel ?

— Oui, fis-je modestement.

— Ah ! ça c'est drôle !... »

Et le petit prince eut un très joli éclat de rire qui m'irrita beaucoup. Je désire[5] que l'on prenne mes malheurs au sérieux[6]. Puis il ajouta :

« Alors, toi aussi tu viens du ciel ! De quelle planète es-tu ? »

J'entrevis aussitôt une lueur, dans le mystère de sa présence, et j'interrogeai brusquement :

« Tu viens donc d'une autre planète ? »　　　　　　　　　　（Ⅲ）

Note　1) d'où：前置詞 de ＋疑問の副詞 où。Je me demande d'où lui vient cette audace. 彼のあの大胆さはどこから湧いてくるのかと思う　2) les miennes ＝ mes questions　3) par hasard：偶然に　4) Ainsi：たとえば　5) 現在形が用いられているのは、「僕」が日頃から考えていることを述べているから　6) prendre 〜 au sérieux：〜をまじめに取る。prenne は prendre の接続法現在。主節に願望を表す動詞（désirer）があるため、que 以下の従属節で接続法が用いられる

9. じゃあ、君はよその星から来たの？

　この子がどこから来たのか分かるまでずいぶん時間がかかった。小さな王子さまはたくさん僕に質問するくせに、こちらの質問はちっとも聞いていないようだった。王子さまがときおり何の気なしに口にした言葉から、すべてが少しずつ明らかになっていったんだ。たとえば、初めて僕の飛行機を見たとき（飛行機の絵は描かない。僕には難しすぎる）、王子さまはこう訊ねた。

　「それは何？　何てものなの？」

　「これはものじゃない。飛ぶんだ。飛行機だよ。僕の飛行機だ」僕は自分が空を飛ぶのを明かすのが誇らしかった。すると王子さまは叫んだ。

　「何だって！　きみは空から落ちてきたの？」

　「ああ」僕はおとなしく頷いた。

　「うわあ、そりゃあ面白いや！……」

　そして王子さまはじつにみごとに笑いはじけた。これにはひどくいらいらさせられた。人の不幸はまじめに聞いてもらいたい。王子さまはこうつけ加えた。

　「すると、きみも空から来たんだね。どこの星から来たの？」

　なぜこの子がこんなところにいるのか——この謎に一筋の光が差し込んだ気がした。そこで僕は単刀直入に訊ねた。

　「じゃあ、君はよその星から来たの？」

読解のポイント

王子さまが別の星からやって来たことがようやく明らかになりました。ただし、好奇心に火のついた「僕」がこの後あれこれ訊ねても、王子さまは不愛想で、ろくに返事もしてくれません。分かったのはせいぜい、王子さまのふるさとの星がひどく小さかったということくらいです。子供らしい天真爛漫なぞんざいさのなせる業でしょうか。それとも王子さまは、性急に分かり合おうとしても無駄だと見定めていたのでしょうか。

サン=テグジュペリの生涯——飛行機と文学

　アントワーヌ・ド・サン=テグジュペリ、通称サン=テクスは1900年6月29日にフランス中東部の都市リヨンで生まれました。両親は二人とも地方の名家の出身で、名前のド de は貴族の身分を示す小辞です。父親は1904年に脳卒中で亡くなりましたが、サン=テクスは4人のきょうだいに囲まれ、母親に愛されて幸せな幼年時代を送りました。

　子供の頃から空に憧れていたサン=テクスは、1921年に飛行免許を取得し、1926年にラテコエール社に入社しました。ラテコエール社はトゥールーズに本拠を置く航空郵便会社で、1919年にトゥールーズとカサブランカを結ぶ路線を確立して以来、精力的に郵便航空網を広げていました。サン=テクスはこの会社で飛行士としての心構えを学び、経験を積みます。夜間飛行中に無線が利かなくなったときには目的地の空港を、ひいては地球そのものを見失い、広い宇宙を彷徨っているような気になったそうです。キャップ・ジュビー（現モロッコのタルファヤ）の飛行場長に任命され、サハラ砂漠で暮らしたこともあります。

　1930年代に入ると郵便飛行の現場からは離れますが、空を飛ぶことへの情熱は失いませんでした。そのために死の危険に晒されたことも一度ならずあります。例えば1935年にはパリ–サイゴン間の長距離耐久飛行レースに参加し、悪天候のためにリビア砂漠に墜落しています。幸い大怪我は負いませんでしたが、飛行機は大破。水と食料の持ち合わせがほとんどなかったため文字通りの極限状態を体験し、三日目に遊牧民に出会って九死に一生を得ました。水を求めて砂漠を彷徨いながら、錆びた手押しポンプ付きの美しい井戸の幻影に翻弄されることもあったそうです。なお、このとき彼はすでに結婚していました。1931年にエルサルバドル出身の女性コンスエロと結ばれたのです。夫婦仲はお世辞にも円満とは言えず、結婚後も彼は少なからぬ女性と交際していますが、妻と別れはしませんでした。

　ところで、サン=テクスは文学・芸術の話題の飛び交う環境に育ったこともあり、早くから文学に親しんでいました。小説家としてのデビュー作は1926年の「飛行士」です。それに『南方郵便機』(1929)、『夜間飛行』(1931)

といわば〈飛行機もの〉の作品が続きます。そして1939年、『人間の大地』がアカデミー・フランセーズ小説大賞を受賞し、さらにその英語版は全米図書賞を受賞します。これによって国際的な文名が確立したと言えます。

『人間の大地』刊行後まもなく第二次大戦が勃発し、サン゠テクスは偵察部隊の一員として危険な偵察飛行に従事しました。ですが、じきにフランスがドイツに占領され、休戦協定が結ばれると、アメリカに亡命します。合衆国の参戦を促すのが目的だったと言われています。『星の王子さま』は2年以上の長きに及んだこの亡命中に執筆され、祖国にいる友レオン・ヴェルトへの献辞を付して1943年4月にニューヨークで刊行されました。

それと前後してサン゠テクスはアメリカを去り、戦線に加わるためにアルジェリアに向かいました。その地で彼と接触を持った人の中に、ピエール・ド・ベヌヴィルという対独レジスタンスの活動家がいますが、そのベヌヴィルの証言によれば、サン゠テクスは『星の王子さま』を「自伝」と見做していたそうです。『星の王子さま』を知人に献本するときの彼は、まるで自分の写真を差し出すような調子だったとか。たしかに飛行士が砂漠で死の危機に瀕しているという設定は、上述のリビア砂漠の一件を思い起こさせずにはいません。「僕」はある程度まではサン゠テクスの分身なのでしょう。ただし、それと同時に、王子さまもまたサン゠テクスの分身だと言うべきです。実際、アメリカ亡命中のサン゠テクスと、故郷の星を離れて地球に逗留している王子さまの姿が重なって見えはしないでしょうか。

すでに最新型の飛行機を操縦するには年をとり過ぎていたサン゠テクスは、それでも志願して元の偵察部隊に復帰しました。そして、その軍務のために1944年7月31日にコルシカ島ボルゴ基地を飛び立ち、そのまま消息を絶ったのです。彼の搭乗機の残骸がマルセイユ沖の海中で発見されるには、それから半世紀以上待たなければなりませんでした。

10. Si j'essaie ici de le décrire…

J'éprouve tant de chagrin à[1] raconter ces souvenirs. Il y a six ans déjà que mon ami s'en est allé[2] avec son mouton. Si j'essaie ici de le décrire, c'est afin de ne pas l'oublier. C'est triste d'oublier un ami. Tout le monde n'a pas eu un ami. Et je puis devenir comme les grandes personnes qui ne s'intéressent plus qu'aux chiffres. C'est donc pour ça encore que[3] j'ai acheté une boîte de couleurs et des crayons. C'est dur de se remettre au dessin, à mon âge, quand on n'a jamais fait d'autres tentatives que celle[4] d'un boa fermé et celle d'un boa ouvert, à l'âge de six ans ! J'essaierai, bien sûr, de faire des portraits le plus ressemblants[5] possible[6]. Mais je ne suis pas tout à fait certain de réussir. Un dessin va, et l'autre ne ressemble plus. Je me trompe un peu aussi sur la taille. Ici le petit prince est trop grand. Là il est trop petit. J'hésite aussi sur la couleur de son costume. Alors je tâtonne comme ci et comme ça, tant bien que mal[7]. Je me tromperai enfin sur certains détails plus importants. Mais ça, il faudra me le[8] pardonner. Mon ami ne donnait jamais d'explications. Il me croyait peut-être semblable à lui. Mais moi, malheureusement, je ne sais pas voir les moutons à travers les caisses. Je suis peut-être un peu comme les grandes personnes. J'ai dû[9] vieillir.

(IV)

Note 1) 限定の意味の前置詞 à。（不定詞と伴に）～することに。avoir du plaisir à partir：出発することに喜びを覚える　2) s'en est allé < s'en aller：立ち去る　3) C'est ～ que ... の強調構文。主語以外の要素を C'est と que で挟んで強調する　4) celle = la tentative　5) le plus ＋形容詞：最上級を表す。Ce jour-là, elle était le plus heureuse.：その日彼女は一番幸せだった。定冠詞が名詞に性数一致することも。Elle est *la* plus intelligente de l'école.：彼女は学校で一番頭が良い　6) possible ：（最上級の後で）出来る限りの。この用法の possible は無変化が原則　7) tant bien que mal：どうにか　8) le = 文頭の ça。ça は前文の内容　9) ai dû ：推定の意味の devoir の複合過去。Nous avons dû nous tromper de chemin.：道を間違えたにちがいない

10. ここであの子の話をしようとするのは……

この思い出を語るのは僕にとってすごく辛いことなんだ。僕の友だちが羊と一緒に行ってしまってもう六年になる。今こうしてあの子の話をするのは、あの子を忘れないためなんだ。友だちを忘れるってのは悲しいことだからね。誰もが友だちを持てたわけでもないんだし。それに僕も、数字にしか興味を持てなくなった大人たちみたいになってしまうかもしれない。絵の具箱とクレヨンを買ったのは、そのためでもあるんだ。この歳になってまた絵を始めるのはしんどいよ。六歳のときに閉じたボアと開いたボアに取り組んだ他には何一つやったことのない身には特にね。もちろん、できるだけよく似た肖像画になるようやってみる。だけど、そんなにうまくいくって自信があるわけじゃない。一つ成功しても、次はもう似ていなかったりする。背丈でもちょっとしくじってしまう。こっちの小さな王子さまは大きすぎるし、あっちのは小さすぎる。服の色でも迷ってしまう。だから、こうやってああやって……と手探りしながら、どうにかこうにかやってみる。それでも、きっともっと大事なところでまちがってしまうだろう。だけど、そこはどうか大目に見てほしい。僕の友だちは何も説明してくれなかったんだから。もしかすると、あの子は僕を同類だと思っていたのかもしれない。でも、残念ながら、僕には箱の中の羊を見ることはできない。たぶん、いくらか大人たちに似てきているんだろう。きっと老け込んだんだ。

読解のポイント

「僕」が王子さまの思い出を書き記すわけを説明し、併せて、ふたたび絵筆をとった理由とその困難さに言い及んだ、優れて自己言及的な一節です。これを読む限り、「僕」はまだ自分は完全に大人になりきってはいないと考えているようです。世界中をあちこち飛び回った経歴の持ち主ですから、それなりの年齢に達しているはずですが、にもかかわらずそう考えているのは、「僕」にとって大人と子供を分かつのは年齢ではないからでしょう。とはいえ、そのうち大人の仲間入りをしてしまうのではないか、いや、もう仲間入りしかけているのかも……と不安に思っているのも事実です。その「僕」にとって、6歳で断念した絵にふたたびチャレンジすることは、大人になるのに抗う術の一つでもあったようです。

11. Le jour des quarante-quatre fois

Ah ! petit prince, j'ai compris, peu à peu, ainsi, ta petite vie mélancolique. Tu n'avais eu longtemps pour distraction que la douceur des couchers de soleil. J'ai appris ce détail nouveau, le quatrième jour[1] au matin, quand tu m'as dit :

« J'aime bien les couchers de soleil. Allons voir un coucher de soleil...

— Mais il faut attendre...

— Attendre quoi ?

— Attendre que le soleil se couche. »

Tu as eu l'air très surpris d'abord, et puis tu as ri de[2] toi-même. Et tu m'as dit :

« Je me crois toujours chez moi ! »

En effet. Quand il est midi aux États-Unis, le soleil, tout le monde le sait, se couche sur la France. Il suffirait[3] de pouvoir aller en France en une minute pour assister au coucher du soleil. Malheureusement la France est bien trop éloignée. Mais, sur ta si petite planète, il te suffisait de tirer ta chaise de[4] quelques pas. Et tu regardais le crépuscule chaque fois que tu le désirais...

« Un jour, j'ai vu le soleil se coucher quarante-quatre fois ! »

Et un peu plus tard tu ajoutais :

« Tu sais... quand on est tellement triste on aime les couchers de soleil...

— Le jour des quarante-quatre fois, tu étais donc tellement triste ? »

Mais le petit prince ne répondit pas. (VI)

Note 1) le quatrième jour：「僕」の遭難4日目　2) rire de：〜を茶化す　3) suffirait：suffire の条件法現在。反実仮想の用法　4) de：数量を表す前置詞。avancer d'un pas：一歩前進する

11. 四十四回の日

　ああ、小さな王子さま、僕はこうして君のちょっと物悲しい人生を少しずつ理解していったんだ。君は長い間、日没の風景を眺めて楽しむ以外に何の気晴らしもなかったんだね。この些細な事実を新たに知ったのは、四日目の朝、君がこう言ったときだった。

　「ぼく、日没の風景が好きなんだ。日が沈むのを見に行こうよ」

　「だけど、待たないと」

　「待つって、何を」

　「日が沈むのを」

　最初君はひどく驚いたようだったが、次いで自分のことを笑いだした。そして言った。

　「今でも自分のところにいるような気がするんだ」

　そう、そういうことだ。誰もが知っているように、アメリカ合衆国が正午のとき、フランスでは日が沈む。一分でフランスに行きさえすれば、日没に立ち会えるだろう。残念ながらフランスはあまりにも遠すぎるけどね。だけど、とても小さな君の星では、椅子を数歩分引きさえすればよかったんだ。そうやって君は、見たくなる度に黄昏を眺めていたんだ……。

　「ある日なんか、日が沈むのを四十四回見たよ」

　少し間を置いて、君は付け加えた。

　「わかるよね……。すごく悲しいと、日没の風景が好きになるんだ……」

　「じゃあ、四十四回の日、君はすごく悲しかったんだね」

　だが、小さな王子さまは返事をしなかった。

読解のポイント

語り口の自在な変化が印象的な一節です。ここで「僕」はもはや読者にではなく、（目の前にいない）王子さまに話しかけています。冒頭の Ah! の後の petit prince に冠詞 le がないのは petit prince に対する呼びかけだからです。もっとも最後の一文は王子さまに直接向けられてはいません。書き言葉である単純過去（répondit）に切り替わるのはそのためです。

41

▶12

12. La guerre des moutons et des fleurs (1)

Le cinquième jour, toujours grâce au mouton, ce[1] secret de la vie du petit prince me fut révélé. Il me demanda avec brusquerie, sans préambule, comme le fruit d'un problème longtemps médité en silence :

« Un mouton, s'il mange les arbustes, il mange aussi les fleurs ?

— Un mouton mange tout ce qu'il rencontre.

— Même les fleurs qui ont des épines ?

— Oui. Même les fleurs qui ont des épines.

— Alors les épines, à quoi servent-elles ? »

Je ne le savais pas. J'étais alors très occupé à[2] essayer de dévisser un boulon trop serré de mon moteur. J'étais très soucieux car ma panne commençait de m'apparaître comme très grave, et l'eau à boire qui s'épuisait me faisait[3] craindre le pire.

« Les épines, à quoi servent-elles ? »

Le petit prince ne renonçait jamais à une question, une fois qu'[4] il l'[5] avait posée. J'étais irrité par mon boulon et je répondis n'importe quoi[6] :

« Les épines, ça ne sert à rien, c'est de la pure méchanceté de la part des[7] fleurs !

— Oh ! »   (Ⅶ)

Note 1) ce：次の、以下の 2) être occupé à：〜に没頭している 3) faisait (< faire)：使役動詞。craindre の意味上の主語は me 4) une fois que：ひとたび〜すると 5) l'(< la) = la question 6) n'importe quoi：なんでも。raconter n'importe quoi：あることないこと言う 7) de la part de：〜の側から、〜として。C'est de la part de qui ?（電話で）どちら様ですか

42

12. 羊と花の戦争 (1)

　五日目、やはり羊のおかげで、小さな王子さまの人生のこんな秘密が明らかになった。黙って長いこと考えつづけきた問題がついに実を結んだかのように、王子さまは突然、前置きもなしにこう訊いてきた。

　「羊は低い木を食べるよね。なら、花も食べるの？」

　「羊は目に入るものは何でも食べる」

　「棘のある花も？」

　「そう。棘のある花も」

　「じゃあ、棘は何の役に立つの？」

　そんなのは知ったことではなかった。そのとき僕はあまりにもきつく締められたエンジンのボルトを外すのに必死だった。いてもたってもいられない気分だった。今回の事故がひどく深刻なものに思えはじめていたし、飲み水が尽きかけていたから、最悪の事態を考えずにはいられなかった。

　「棘は何の役に立つの？」

　王子さまは一度した質問はぜったいに諦めない。ボルトのせいでいらいらしていた僕は、口から出まかせを言った。

　「棘なんて何の役にも立たない。あれはただ花が意地悪しようとしているだけだ」

　「ええっ？」

読解のポイント

冒頭に「やはり toujours 羊のおかげで」とあるのは、この前々日に「僕」が「羊は低い木を食べるの？」と王子さまに訊ねられ、それがきっかけとなって、バオバブの木の繁殖を王子さまが恐れていることが判明したからです。さらに遡れば、王子さまの星がとても小さいことを「僕」が知ったのも、羊の話題がきっかけでした。羊が共通の起点となることで、多種多様なエピソードの間に緩やかな繋がりが生じています。このあまりきっちりしすぎていない秩序感、構成感に、作者の美意識の一端を認めることができるでしょう。

13. La guerre des moutons et des fleurs (2)

Mais après un silence il me lança, avec une sorte de rancune :

« Je ne te crois pas ! Les fleurs sont faibles. Elles sont naïves. Elles se rassurent comme elles peuvent. Elles se croient terribles avec leurs épines... »

Je ne répondis rien. À cet instant-là je me disais : « Si ce boulon résiste encore, je le ferai[1] sauter d'un coup de marteau. » Le petit prince dérangea de nouveau[2] mes réflexions :

« Et tu crois, toi, que les fleurs...

— Mais non ! Mais non ! Je ne crois rien ! J'ai répondu n'importe quoi. Je m'occupe, moi, de[3] choses sérieuses ! »

Il me regarda stupéfait[4].

« De choses sérieuses ! »

Il me voyait, mon marteau à la main, et les doigts noirs de cambouis, penché sur un objet qui lui semblait très laid.

« Tu parles comme les grandes personnes ! » Ça me fit un peu honte. Mais, impitoyable, il ajouta :

« Tu confonds tout... tu mélanges tout ! » (Ⅶ)

Note 1) ferai（< faire）：使役動詞。sauter の意味上の主語は le（= le boulon） 2) de nouveau：再び 3) s'occuper de：〜に専念する 4) stupéfait：茫然とした。主語の Il にかかる

13. 羊と花の戦争 (2)

　だが、一度口を噤んでから、王子さまはうらめしそうにこんな言葉を投げつけてきた。

　「そんなの信じない！　花は弱いんだ。むじゃきなんだ。なんとか自分を安心させてるんだ。自分は棘があるからすごいんだって思って……」

　僕は何も答えなかった。胸の中ではこのときこう呟いていた。「このボルトがまだ言うことをきかないなら、金づちで吹っ飛ばしてやる」小さな王子さまはまた僕の考えを遮った。

　「それなのに君はこう思ってるんだ、花は……」

　「ちがう、ちがう！　何も思っていやしない！　さっきはてきとうに返事したんだ。僕は今、まじめなことをやってるんだ」

　王子さまは啞然として僕を見つめた。

　「まじめなことだって！」

　王子さまの目に映っている僕は、金づち片手に、指を油で黒く汚したまま、王子さまからすれば醜悪きわまりない物体の上にかがみこんでいた。

　「きみは大人みたいな話し方をするんだね！」

　こう言われて僕は少し恥ずかしくなった。だが、王子さまは情け容赦なく畳みかけてきた。

　「何もかも一緒くたにしてる……全部ごちゃまぜだ！」

読解のポイント

王子さまが怒りを爆発させる数少ない場面の一つです。なぜ王子さまはこんなに腹を立てたのでしょう。かまってもらえずに臍を曲げただけとは思えませんが、では、なぜだったのでしょう。少なくともこの時点では「僕」はよく分かっていませんし、読者にしてもそれは同じです。本当の理由が分かるのはずいぶん後になってからかもしれません。こんなふうに感情に身を委ねることができるのは子供の大事な特性かもしれない……などと考えながら、ひとまず成り行きを見守るほかないようです。

45

14. La guerre des moutons et des fleurs (3)

Il était vraiment très irrité. Il secouait au vent des cheveux tout dorés :

« Je connais une planète où il y a un monsieur cramoisi. Il n'a jamais respiré une[1] fleur. Il n'a jamais regardé une étoile. Il n'a jamais aimé personne. Il n'a jamais rien fait d'autre que des additions. Et toute la journée il répète comme toi : " Je suis un homme sérieux ! Je suis un homme sérieux ! " et ça le fait gonfler d'orgueil. Mais ce n'est pas un homme, c'est un champignon !

— Un quoi ?

— Un champignon ! »

Le petit prince était maintenant tout pâle de colère.

« Il y a des millions d'années que[2] les fleurs fabriquent des épines. Il y a des millions d'années que les moutons mangent quand même les fleurs. Et ce n'est pas sérieux de chercher à comprendre pourquoi elles se donnent tant de mal pour[3] se fabriquer[4] des épines qui ne servent jamais à rien ? Ce n'est pas important la guerre des moutons et des fleurs ? Ce n'est pas plus sérieux et plus important que les additions d'un gros monsieur rouge ? Et si je connais, moi, une fleur unique au monde, qui n'existe nulle part, sauf dans ma planète, et qu'un petit mouton peut anéantir d'un seul coup, comme ça, un matin, sans se rendre compte de[5] ce qu'il[6] fait, ce n'est pas important ça ! »　　(Ⅶ)

Note　1) 動詞の直接目的語につく不定冠詞は否定文で de に変わるが、否定を強調する場合は不変。Je n'ai pas un ami. : 友人が一人もいない　2) Il y a ＋時間＋que : …前から〜している　3) se donner du mal pour : 〜するのに苦労する。tant de mal : かくも多くの苦労　4) se fabriquer : 自分のために〜を作る　5) se rendre compte de : 〜に気づく　6) il = le petit mouton

14. 羊と花の戦争（3）

　王子さまは本当にひどく怒っていた。金色に輝く髪を風になぶらせながら。

　「赤ら顔のおじさんのいる星があるんだ。そのおじさんは一度だって花の匂いをかいだことがない。星だって見たことがない。誰かを愛したこともない。足し算以外は何一つしたことがない。それで朝から晩までずっときみと同じように『私はまじめな人間だ、まじめな人間だ！』って繰り返してる。そう言って、うぬぼれでふくれあがってる。でも、そんなのは人間じゃない。キノコだ！」

　「何だって？」

　「キノコだよ！」

　王子さまはもう怒りのためにまっさおになっていた。

　「何百万年も前から花は棘をこしらえてる。何百万年も前から、羊はそれでも花を食べてる。それなのに、何の役にも立たない棘をつけるためにどうして花があんなに苦労してるのか、そのわけを知ろうとするのがまじめじゃないって言うの？　羊と花の戦争は大事じゃないの？　太った赤ら顔のおじさんの足し算よりまじめで大事なことじゃないの？　この世に一つきりの花を知ってるんだ。ぼくの星の他にはどこにも咲いてない花だよ。その花をある朝、小さな羊が自分で自分が何をしているのかも知らずに、こうやってパクっと一口で消し去っちゃうかもしれないのに、それが大事じゃないって言うの！」

読解のポイント

王子さまは地球に来る前に、« Je suis sérieux, moi » が口癖のビジネスマンが住んでいる星を訪れました（本書では省略）。おそらく「赤ら顔のおじさん」はそのビジネスマンです。

　この一節でとりわけ印象的なのは「キノコだよ！」の一言です。怒りに我を忘れた人の言葉は、ときに意図せぬユーモアを帯びるものです。「キノコだよ！」もその一例でしょう。ですが……なぜキノコだったのでしょう。相手を貶めようとしてキノコ呼ばわりする習慣がフランスにあるわけではありません。ただしステイシー・シフ『サン＝テグジュペリの生涯』によれば、サン＝テクスは昔から気に入らない相手をキノコと呼んでいたようです。「ふくれあがってる gonfler」の一語が、ぼってりとしたキノコの傘のイメージとマッチしているようでもあります。

15. La guerre des moutons et des fleurs (4)

Il rougit, puis reprit :

« Si quelqu'un aime une fleur qui n'existe qu'à[1] un exemplaire dans les millions et les millions d'étoiles, ça[2] suffit pour qu'il soit[3] heureux quand il les[4] regarde. Il se dit : " Ma fleur est là quelque part... " Mais, si le mouton mange la fleur, c'est pour lui comme si, brusquement, toutes les étoiles s'éteignaient ! Et ce n'est pas important ça ! »

Il ne put rien dire de plus. Il éclata brusquement en sanglots. La nuit était tombée[5]. J'avais lâché[6] mes outils. Je me moquais bien de[7] mon marteau, de mon boulon, de la soif et de la mort. Il y avait, sur une étoile, une planète, la mienne[8], la Terre, un petit prince à consoler ! Je le pris dans les bras. Je le berçai. Je lui disais : « La fleur que tu aimes n'est pas en danger... Je lui[9] dessinerai une muselière, à ton mouton... Je te dessinerai une armure pour ta fleur... Je... » Je ne savais pas trop quoi dire. Je me sentais très maladroit. Je ne savais[10] comment l'[11] atteindre, où le rejoindre... C'est tellement mystérieux, le pays des larmes !　　　　　　　　　　　　　　　　　　　　　　　　(Ⅶ)

Note　1) 数量を示す前置詞の à。Cet ouvrage a été tiré à six cents exemplaires.：この本は600部刷られた　2) ça：Si 以下の従属節の内容を指す　3) soit：être の接続法現在。pour que 以下の副詞節では接続法が用いられる　4) les = les millions et les millions d'étoiles　5) était tombée：tomber の直説法大過去。基点となる過去の時点（ここでは王子さまが泣きだした時点）より前に完了している行為や出来事を表す　6) avais lâché：lâcher の直説法大過去　7) se moquer de：〜を意に介さない、無視する　8) la mienne = ma planète　9) lui = à ton mouton　10) savoir＋関節疑問文。pas を省略して ne だけで否定を表すことがある。Je ne sais (pas) s'il viendra.：彼が来るかどうか知らない　11) l' (＜ le) = le petit prince

15. 羊と花の戦争 (4)

　王子さまは顔を赤くしながら話を続けた。「たくさんの、たくさんの星の中にあるたった一つの花を好きになったら、もうその人は星空を眺めるだけで幸せなんだ。『あの空のどこかに僕の花がある』って思って。だけど、もし羊が花を食べちゃったら、その人にとっては、星の明りが突然ぜんぶ消ちゃったのと同じなんだ。それなのに、それが大事じゃないっていうの？」

　王子さまはそれ以上何も言えず、不意に泣きじゃくりだした。もう夜のとばりが降りていた。工具は僕の手を離れていた。僕の金槌も、ボルトも、渇きも、死も、そんなものはもうどうでもよかった。ある星に、ある惑星に、そう、僕の惑星、この地球に、慰めてあげなければいけない一人の王子がいた。僕は王子さまを腕に抱き、体を揺すってあげた。そして話しかけた。「君の好きな花は、危ない目になんかあわないよ……。君の羊に口輪を描いてあげる……君の花のために囲いを描いてあげるから……。僕が……」。僕は何を言えばいいのかよく分からなかった。自分がとても不器用に思えた。どうすれば王子さまに辿り着けるのか、どうすれば王子さまのもとに帰り着けるのか分からなかった。それほど謎めているんだ、涙の国ってのは。

読解のポイント

謎めいた「涙の国」とは、悲しみに溢れ、他人を寄せつけない心のことでしょう。人と人が分かり合うことの難しさはサン＝テグジュペリ作品の重要な主題の一つです。孤独な心はときに国 pays、王国 royaume、帝国 empire に譬えられ、そこに足を踏み入れることのできない他者は異邦人 étranger と呼ばれもします。『人間の大地』の一節では、チリ南端の町プンタアレナスですれ違った人々がこんなふうに語られています——「おお、プンタアレナス！　僕は泉を背にして立っている。年老いた女たちが泉に水を汲みに来る。彼女たちがこれまでの人生で経験したドラマについて、召使として水を汲むその身のこなしの他に僕が何かを知ることはけっしてないだろう。一人の少年が壁にうなじをもたせて、黙って泣いている。この少年は、永遠に慰められることのない美しい子供として、ただそれだけの存在として僕の記憶に残るだろう。僕は異邦人だ。何も知らない。僕には彼らの帝国に入ることはできない」サン＝テクジュペリの場合、知り得ないという無力さの確認は、だからこそ人間は神秘的ですばらしい、というある種の人間賛歌に通じています。

49

ミニブックガイド

　読者の中には、本書をスプリングボードにして、『星の王子さま』全文を原語で読み通そうと考えている人もいるのではないでしょうか。本書のテキストは1990年代に出たプレイヤッド版『サン＝テグジュペリ全著作集』の第2巻（Antoine de Saint-Exupéry, *Œuvres complètes*, t. II, Gallimard, coll. Bibliothèque de la Pléiade, 1999）に拠っています。プレイヤッド版はサン＝テクスのすべての作品が収録されていて、注や解説も充実しているので便利ですが、何ぶんにも分厚くて嵩張りますし、値も張ります。ですので、まずは Antoine de Saint-Exupéry, *Le Petit Prince*, Gallimard, coll. folio, 1999を手に入れるのがよいでしょう。軽い本なので鞄に忍ばせて、お守り代わりに持ち歩けます。挿絵も正確できれいです。

　『星の王子さま』の理解を深めるために、サン＝テクスの他の作品も読んでみたい。だけど、いったい何から手をつければよいのやら……と思っている人には次の2作がお薦めです。1つは『人間の大地』*Terre des hommes*。これを読めば、『星の王子さま』の背後にサン＝テクスのどんな思いや実体験が潜んでいるのかがよく分かるでしょう。特に第7章「砂漠の中心で」は必読です。原著刊行と同じ1939年に堀口大學が翻訳して以来、数種類の邦訳が出ていますので、書店や図書館で比較的簡単に見つかるはず。「人間の土地」、「人間の土」という訳題のものもあります。もう1作は『星の王子さま』とほぼ同時期に書かれた『ある人質への手紙』*Lettre à un otage*。「人質」とはドイツ占領下の祖国にいるすべてのフランス人のことですが、サン＝テクスが特に案じていたのはレオン・ヴェルトの身の上です。大変美しいエッセーですし、当時の彼の思想と感情を伝える第一級の資料でもあります。みすず書房『サン＝テグジュペリ・コレクション』第6巻に山崎庸一郎訳で収録されています。

　作家の人生に興味があるなら、多くの伝記的著作の中でもステイシー・シフ『サン＝テグジュペリの生涯』（檜垣嗣子訳、新潮社）がお薦め。膨大な資料に基づく労作です。

アメリカでの亡命生活

　1940年12月から1943年4月までの亡命生活は苦労の連続でした。まず健康上の問題がありました。泌尿器系の疾患のため高熱が続き、術後も感染症に苦しめられたのです。他にもあちこち具合が悪く、いわゆる病気のデパート状態だったようです。加えて言葉の壁です。もともとサン＝テグジュペリは英語が好きでも得意でもありませんでした。看板くらいは読めても会話はからきし苦手で、買い物をするときは友人、知人に通訳をしてもらっていました。すでに国際的な大作家でしたので、出版関係者など身の回りの世話をしてくれる人がいるにはいましたが、言葉の壁のために慣れない異国で孤立感を深めたことは想像に難くありません。ただし、それでも英語を進んで学ぼうとはせず、「なぜ」と訊かれて「まだフランス語を学び終えていないから」と答えたそうです。世界中を飛び回るコスモポリタンでありながら、フランス語という土壌に根を下ろし、そこから頑として動こうとしない人でもありました。フランス語が世界の共通語としての威信を辛うじて保っていた時代の話です。

　亡命中の彼をさらに悩ませたのは、ニューヨークのフランス人コミュニティー内部の党派争いでした。1940年にドイツに降伏した後、フランス国民は大別すれば親独のヴィシー政府派と、対独レジスタンスを唱えるド・ゴール派の二つに分かれていました。アメリカのフランス人社会でもやはりこの二つの陣営が対立し、さらに双方がそれぞれいくつかのグループに分かれて鍔迫りあいを演じていました。サン＝テグジュペリはどちらの陣営にも与しませんでしたが、そのためにどちらの陣営からも非難を浴びせられたのです。

　彼が党派争いに加わらないのは祖国の運命に無関心だったからではありません。フランスのために何ができるかという問はつねに彼の脳裏にありました。そして結局、彼が選んだのは北アフリカの前線に赴くことでした。これは死の覚悟を伴う決断です。『星の王子さま』のことは、彼自身が「童話の体裁をとった［……］遺書」と呼んでいたという証言があります。

16. *Une fleur orgueilleuse* (1)

▶16

Sa toilette mystérieuse avait donc duré[1] des[2] jours et des jours. Et puis voici qu'un matin, justement à l'heure du lever du soleil, elle s'était montrée.

Et elle, qui avait travaillé avec tant de précision, dit en bâillant :

« Ah ! Je me réveille à peine... Je vous demande pardon... Je suis encore toute décoiffée... »

Le petit prince, alors, ne[3] put contenir son admiration :

« Que vous êtes belle !

—N'est-ce pas, répondit doucement la fleur. Et je suis née en même temps que[4] le soleil... »

Le petit prince devina bien qu'elle n'était pas trop modeste, mais elle était si émouvante !

« C'est l'heure, je crois, du petit déjeuner, avait-elle bientôt ajouté, auriez-vous la bonté de[5] penser à moi... »

Et le petit prince, tout confus, ayant été chercher un arrosoir d'eau fraîche, avait servi la fleur. (Ⅷ)

Note 1) avait [...]duré：durer の直説法大過去。直説法大過去は様々なニュアンスを持ち得るが、この「気位の高い花」の章における直説法大過去は、当該の出来事や行為がすでに「僕」と王子さまの出会いの時点で完了していたことを強調するものが多い　2) des：「多くの」の意の不定冠詞。名詞を重複させることもある。pendant des heures et des heures：何時間も何時間も　3) ne：文章体では pas を伴わずに ne だけで否定文を成すことがある　4) en même temps que：〜と同時に　5) avoir la bonté de ＋不定詞：親切にも〜する。auriez は avoir の条件法現在で、語気緩和の用法

16. 気位の高い花 (1)

花と王子さまの間にいったい何があったのか——じきに「僕」は二人の事情を知ることになりました。以下はそのあらましです。

ある日、王子さまの星にどこからか植物の種が飛んできました。やがて芽を出し、蕾をつけましたが、なかなか開花はしませんでした。人前に姿を現す前に、花が身繕いにたっぷり時間をかけていたのです。何だか勿体ぶっているようでもありました。ですが、ようやく用意万端整って……。文中の elle は la fleur を受けます。

そんなわけで秘密の身繕いは何日も何日も続いたが、ある朝、きっかり日の出の時刻についに花が姿を現した。

そんなに念入りに身なりを整えてきたのに、花はあくびをしながらこう言った。

「ああ、眠い……。ごめんなさい……。まだ髪がくしゃくしゃで……」

そう言われて、小さな王子さまは讃嘆の念を抑えられなかった。

「なんて美しいんだろう」

「そうでしょう」と花は穏やかに答えた。「それに、太陽といっしょに生まれたのよ……」

小さな王子さまは相手があまり控え目なタチでないことに気づいたが、それでも、心を揺さぶられずにはいられなかった。

「朝食の時間のはずだけど」花はじきに言葉を継いだ。「私のことも考えてくださるかしら……」

そこで小さな王子さまはすっかり恐縮して新鮮な水の入ったじょうろをとりに行き、花に水をあげた。

読解のポイント

花は「あまり控え目なタチでない」ようですが、とはいえ、お高くとまって王子さまを寄せつけないわけでもありません。むしろその逆で、王子さまに頼り、面倒を見てもらおうとします。何ぶんにも移動が不自由な身ですので……。王子さまの方も花の期待に応えて献身的に仕えます。王子さまはいわばケアラーの立場に身を置いたのです。このカップルの関係性の特色はこの辺りにあると言えるでしょう。

▶17

17. Une fleur orgueilleuse (2)

Ainsi[1] l'[2] avait-elle bien vite tourmenté par sa vanité un peu ombrageuse. Un jour, par exemple, parlant de ses quatre épines, elle avait dit au petit prince :

« Ils[3] peuvent[4] venir, les tigres, avec leurs griffes !

— Il n'y a pas de tigres sur ma planète, avait objecté le petit prince, et puis les tigres ne mangent pas l'herbe.

— Je ne suis pas une herbe, avait doucement répondu la fleur.

— Pardonnez-moi...

— Je ne crains rien des tigres, mais j'ai horreur des[5] courants d'air. Vous n'auriez pas un paravent ? »

« Horreur des courants d'air... ce n'est pas de chance[6], pour une plante, avait remarqué le petit prince. Cette fleur est bien compliquée... »

« Le soir vous me mettrez[7] sous globe. Il fait très froid chez vous. C'est mal installé. Là d'où je viens... »

Mais elle s'était interrompue. Elle était venue[8] sous forme de graine[9]. Elle n'avait rien pu connaître des autres mondes.　　(Ⅷ)

Note 1) Ainsi：このように。ainsi が文頭に来たために主語と動詞の倒置が生じている　2) l'(< le) = le petit prince　3) Ils = les tigres　4) pouvoir：〜するがいい。Il peut toujours me voir, je ne lui parlerai pas.：来るなら来ればいい。どのみち彼と話す気はない　5) avoir horreur de：〜を憎む　6) ce n'est pas de chance：運が悪い　7) mettrez < mettre：命令の意味を持つ単純未来　8) était venue：venir の直説法大過去。大過去は他の大過去（この場合は「花が口を噤んだ」elle s'était interrompue）よりも前に生じた事柄を表し得る　9) sous forme de ＋無冠詞名詞：〜の形で、姿で

17. 気位の高い花 (2)

　こうして花はあっと言う間に、少し怒りっぽい高慢さで王子さまを悩ませるようになった。例えばある日、自分の四つの棘の話をしながら、こんなことを言った。

　「虎が爪を立ててかかってきたって怖くないわ」

　「ぼくの星に虎はいないよ」王子さまは異を唱えた。「それに、虎は草を食べないから」

　「私、草じゃなくってよ」花は穏やかに答えた。

　「ごめんなさい……」

　「虎なんかちっとも怖くないの。でも、すきま風は大嫌い。衝立をお持ちじゃない？」

　「風が嫌いって……それはついてないな、植物なのに」と王子さまは思った。「この花、ずいぶん気難しい……」

　「晩にはガラスの覆いをかぶせてくださいね。あなたの星、とても寒いんですもの。設備が整っていないのね。私が前にいたところなんか……」

　だが、花は最後まで言わずに口を噤んだ。まだ種子だったときにやってきたのだ。他の世界のことは何一つ知るはずがなかった。

読解のポイント

わずかなせりふのやり取りからも、花の高飛車な様子がよく伝わってきます。52ページでも用いられていた doucement（穏やかに、優しく）という副詞に注目しましょう。花はけっして声を荒げません。穏やかな口調で自慢したり、そっと嫌味を言ったりするのが性分なのです。装われた優しさの裏に高慢さが見え隠れします。ですが、ひょっとするとその奥にはさらに別の感情が潜んでいるのかもしれません。王子さまはそこに目を向けることができるでしょうか。

18. Une fleur orgueilleuse (3)

Humiliée de s'être laissé surprendre[1] à préparer[2] un mensonge aussi naïf, elle avait toussé deux ou trois fois, pour mettre le petit prince dans son tort[3] :

« Ce paravent ?...

— J'allais le chercher mais vous me parliez ! »

Alors elle avait forcé sa toux pour lui infliger quand même des remords.

Ainsi le petit prince, malgré la bonne volonté de son amour, avait vite douté d'elle. Il avait pris au sérieux des mots sans importance, et était devenu très malheureux.

« J'aurais dû[4] ne pas l'écouter, me confia-t-il un jour, il ne faut jamais écouter les fleurs[5]. Il faut les regarder et les respirer. La mienne[6] embaumait ma planète, mais je ne savais pas m'en réjouir[7]. Cette histoire de griffes, qui m'avait tellement agacé, eût dû[8] m'attendrir... »

Il me confia encore :

« Je n'ai alors rien su comprendre ! J'aurais dû la juger sur les actes et non sur les mots. Elle m'embaumait et m'éclairait. Je n'aurais jamais dû m'enfuir ! J'aurais dû deviner sa tendresse derrière ses pauvres ruses. Les fleurs sont si contradictoires ! Mais j'étais trop jeune pour savoir l'aimer. »   (Ⅷ)

Note 1) se laisser＋他動詞の不定詞：〜される　2) surprendre A à＋不定詞：A が〜しているところをつかまえる。ここで A に相当するのは s'（＜se）　3) mettre 〜 dans son tort：〜に罪を被せる　4) aurais dû：devoir の条件法過去。〜すべきだったのに　5) les fleurs：定冠詞付きの複数名詞であることに注意。すべての花に共通する性質を一般論として取り上げている　6) la mienne = ma fleur　7) en：de cela と取ればよい。cela はこの一文の前半の内容（花がよい匂いを振りまいていた）を受ける。se réjouir de：〜を楽しむ、喜ぶ　8) eût dû：devoir の接続法大過去。条件法過去第二形としての用法。aurais dû と同義

18. 気位の高い花 (3)

こうまで幼稚な嘘をつこうとしたのがばれて恥をかいた花は、王子さまを悪者にしようとして二、三度咳をした。

「衝立はどうなったのかしら……」

「とりに行こうとしたけど、あなたが話しつづけていたから」

だが、すると花はもっとひどく咳こみ、王子さまに自責の念を抱かせようとした。

そんなわけで小さな王子さまは本気で好意を寄せていたにもかかわらず、じきに花のことが信じられなくなってしまった。何でもない言葉を真に受けて、ひどくふしあわせになった。

「花の言うことに耳を貸しちゃいけなかったんだ」ある日、王子さまは僕に打ち明けた。「花たちの言うことに耳を貸しちゃぜったいにいけないんだ。花っていうのは眺めたり、匂いをかいだりするものなんだ。あの花はぼくの星によい匂いを振りまいてくれてたのに、ぼくはそれを楽しめなかった。虎の爪の話だって、あんなにいらいらしちゃったけど、本当は優しく受けとめてあげるべきだったんだ」

王子さまはさらにこう打ち明けた。

「あの頃、ぼくは何も分かってなかった。何を言われたかじゃなく、何をしてくれたかで判断するべきだったのに。あの花はぼくによい匂いを振りまいてくれたし、明るく照らしてくれてもいた。ぼくはぜったいに逃げだしちゃいけなかった。へんてこな駆け引きの裏に愛情が隠れてるってことに気づいてあげなきゃいけなかった。花なんてみんな矛盾だらけなんだから。でも、ぼくはまだ小さすぎて、あの花を愛することができなかった」

読解のポイント

「矛盾だらけ」si contradictoires とは「辻褄の合わないことばかり言っている」「言っていることとやっていること、心に思っていることとがずれている」という程の意味でしょう。矛盾だらけの花とつき合って、王子さまは言葉に対する不信感を植えつけられたようです。もっとも「あの頃」、即ち花とつき合っている最中は、じつは「何も分かって」いませんでした。その後、それなりに時間が経ってから、自分が言葉に振りまわされていたことに気づいたのでしょう。では、それに気づいたのには何かきっかけがあったのでしょうか。

19. Une fleur orgueilleuse (4)

▶19

Je crois qu'il profita[1], pour son évasion, d'une migration d'oiseaux sauvages. Au matin du départ il mit sa planète bien en ordre[2]. Il ramona soigneusement ses volcans en activité. Il possédait deux volcans en activité. Et c'était bien commode pour faire chauffer le petit déjeuner du matin. Il possédait aussi un volcan éteint. Mais, comme il disait : « On ne sait jamais ! » Il ramona donc également le volcan éteint. S'ils sont bien ramonés, les volcans brûlent doucement et régulièrement, sans éruptions. Les éruptions volcaniques sont comme des feux de cheminée. Évidemment sur notre terre nous sommes beaucoup trop petits pour ramoner nos volcans. C'est pourquoi ils nous causent des tas d'ennuis.

Le petit prince arracha aussi, avec un peu de mélancolie, les dernières pousses de baobabs. Il croyait ne jamais devoir revenir. Mais tous ces travaux familiers lui parurent, ce matin-là, extrêmement doux. Et, quand il arrosa une dernière fois la fleur, et se prépara à[3] la mettre à l'abri[4] sous son globe, il se découvrit[5] l'envie de pleurer.

« Adieu[6] », dit-il à la fleur.

Mais elle ne lui répondit pas.

« Adieu », répéta-t-il.

La fleur toussa. Mais ce n'était pas à cause de son rhume.   (IX)

Note 1) profiter de：〜を利用する　2) mettre 〜 en ordre：〜を整理する、片付ける　3) se préparer à：〜の準備を整える　4) mettre 〜 à l'abri：〜を守る、隠す　5) se découvrir：自分に〜があることが分かる。se découvrir un talent pour la musique：自分に音楽の才能があることが分かる 6) Adieu：長期間あるいは永遠に別れる場合の別れの挨拶

19. 気位の高い花 (4)

　僕が思うに、王子さまは逃げだすとき、野鳥の渡りを利用したのだろう。出発の朝、王子さまはきちんと自分の星の片付けをした。活火山の煤もていねいに払った。王子さまは活火山を二つ持っていた。それは朝食を温めるのにとても便利だった。死火山も一つ持っていた。もっとも、王子さま自身が言っていたように「何が起こるか分からない」のが世の中だ。だから、王子さまは死火山の煤掃いもした。火山はしっかり煤の掃除をしておけば、噴火せずに穏やかに規則正しく燃えつづける。火山の噴火は煙突火事みたいなものなのだ。もちろん、地球では僕らは小さすぎて火山の煤払いなんてできやしない。それで火山にひどく困らされるってわけだ。

　王子さまは少し悲しい気分で、生えたばかりのバオバブの芽も引き抜いた。この星にはもう二度と戻らないつもりだった。だが、このやり慣れた仕事をするのが、この朝はひどく楽しく思えた。花に最後の水やりをし、ガラスの覆いの中にかくまってやる準備をしたとき、王子さまは泣きたい気持ちがこみ上げてくるのに気づいた。

　「さよなら」と王子さまは花に言った。

　だが、花は返事をしなかった。

　「さよなら」王子さまはもう一度言った。

　花は咳をした。だが、それは風邪をひいているからではなかった。

読解のポイント

原著の扉ページには、10数羽の鳥に結わえつけた紐に捕まって宙に浮く王子さまの絵が載っています（本書2-3ページ目の口絵）。これが「僕」の思い描く〈王子さま出立の図〉です。サン＝テグジュペリは渡り鳥を利用して空を飛ぶというアイディアを、スウェーデンの作家ラーゲルレーヴの『ニールスのふしぎな旅』に負っている可能性があります。ラーゲルレーヴの童話の主人公ニールスはガチョウに乗って（魔法によって小人にされていたのでガチョウに乗れるのです）空に飛び立ったのでした。ニールスは1羽の家禽の首にしがみついているわけで、そこは王子さまとずいぶん異なるようですが、ただし、このガチョウは13羽の雁の群れを追っています。つまり、それなりの数の渡り鳥に導かれるようにして小さな男の子が空を飛んでいるという点は両作品に共通するのです。

20. *Une fleur orgueilleuse* (5)

« J'ai été sotte, lui dit-elle enfin. Je te[1] demande pardon. Tâche d'être heureux. »

Il fut surpris par l'absence de reproches. Il restait là tout déconcerté, le globe en l'air. Il ne comprenait pas cette douceur calme.

« Mais oui, je t'aime, lui dit la fleur. Tu n'en[2] as rien su[3], par ma faute. Cela n'a aucune importance. Mais tu as été aussi sot que moi. Tâche d'être heureux... Laisse ce globe tranquille. Je n'en veux plus[4].

— Mais le vent...

— Je ne suis pas si enrhumée que ça... L'air frais de la nuit me fera du bien. Je suis une fleur.

— Mais les bêtes...

— Il faut bien que je supporte deux ou trois chenilles si je veux connaître les papillons. Il paraît que c'est tellement beau. Sinon qui me rendra visite ? Tu seras loin, toi. Quant aux grosses bêtes, je ne crains rien. J'ai mes griffes. »

Et elle montrait naïvement ses quatre épines. Puis elle ajouta :

« Ne traîne pas comme ça, c'est agaçant. Tu as décidé de partir. Va-t'en[5]. »

Car elle ne voulait pas qu'il la[6] vît[7] pleurer. C'était une fleur tellement orgueilleuse...   （IX）

Note 1) ここで花は王子さまに tutoyer している　2) en：de cela の意。cela は前文の内容を受ける　3) ne rien savoir de：〜について何も知らない　4) en = de ce globe。vouloir de：（多く否定表現で）〜を欲する　5) va-t'en：s'en aller（立ち去る）の命令形　6) la = la fleur。pleurer の動作主　7) vît：voir の接続法半過去。主節の動詞が vouloir なので que 以下に接続法が用いられる

20. 気位の高い花 (5)

「私、ばかだった」とうとう花は言った。「ゆるしてね。幸せになって」

王子さまは何一つとがめだてされなかったことに驚いた。すっかり面食らって、ガラスの覆いを宙に浮かせたまま立ちつくしていた。この静かな穏やかさが理解できなかった。

「ええ、私、あなたが好き」と花は言った。「気づかなかったでしょう。それも私が悪いのね。どうでもいいけど。でも、あなたも私と同じくらいおばかさんだったのよ。幸せになりなさい……。そのガラスの覆いは放っておいて。もういらないから」

「でも、風が吹くと……」

「そんなにひどい風邪でもないの。涼しい夜風に当たればよくなるわ。花だもの」

「でも、虫が……」

「蝶とお近づきになりたかったら、毛虫の二、三匹は我慢しないと。蝶って、とてもきれいみたいね。それに、他に誰が訪ねてきてくれるっていうの？　あなたは遠くへ行っちゃうんだし。大きい動物ならちっとも怖くない。私には爪があるもの」

そう言って花は無邪気に四つの棘を見せた。そして付け加えた。

「そんなふうにぐずぐずしてないで。いらいらする。行くと決めたんなら、さっさと行きなさい」

それというのも花は涙を見られたくなかったんだ。それほど気位の高い花だった……。

読解のポイント

サン゠テクスは文章の隅々にまで神経を尖らせ、徹底的に加筆修正を行う作家でした。douceur sombre（陰鬱な穏やかさ）と書いたのを消して douceur calme（静かな穏やかさ）にしたのはそのほんの一例です。それにしても douceur calme とはほとんど同語反復のようにも思えますが（それは訳し方にもよりますが……）、ここにはどんな意味が込められているのでしょう。日頃、穏やかな口調で（doucement）自慢話をしたり嫌味を言ったりしていた花が、別れの時を迎えて、ついに何の底意もない穏やかさを示した、ということでしょうか。

21. L'astéroïde du roi (1)

Le premier[1] était habité par un roi. Le roi siégeait, habillé de pourpre et d'hermine, sur un trône très simple et cependant majestueux.

« Ah ! Voilà un sujet ! », s'écria le roi quand il aperçut le petit prince.

Et le petit prince se demanda :

« Comment peut-il me reconnaître puisqu'il ne m'a encore jamais vu ! »

Il ne savait pas que, pour les rois, le monde est très simplifié. Tous les hommes sont des sujets.

« Approche-toi que[2] je te voie mieux », lui dit le roi qui était tout fier d'être enfin roi pour quelqu'un.

Le petit prince chercha des yeux où[3] s'asseoir, mais la planète était tout encombrée par le magnifique manteau d'hermine. Il resta donc debout, et, comme il était fatigué, il bâilla.

« Il est contraire à l'étiquette de bâiller en présence d'[4] un roi, lui dit le monarque. Je te l'interdis.

— Je ne peux pas m'en empêcher[5], répondit le petit prince tout confus. J'ai fait un long voyage et je n'ai pas dormi...

— Alors, lui dit le roi, je t'ordonne de bâiller. Je n'ai vu personne bâiller[6] depuis des années. Les bâillements sont pour moi des curiosités. Allons ! bâille encore. C'est un ordre. （X）

Note 1) Le premier = Le premier astéroïde 2) que：pour que に相当する。que 以下の動詞（この場合は voie < voir）は接続法 3) où s'asseoir = où il puisse s'asseoir。où＋不定詞の形をとり、où 以下の主語が省略されたケース。なお関係代名詞 où は先行詞なしでも用いられる。Où il y a de la gêne, il n'y a pas de plaisir.：［諺］気詰まりなところに快楽はない 4) en présence de：〜の前で 5) en = de bâiller。s'empêcher de：〜を差し控える 6) ne 〜 personne：誰も〜ない。知覚動詞 ai vu (< voir) の直接目的語 personne が不定詞 bâiller の意味上の主語

21. 王様の星 (1)

　　失意の内にふるさとを去って広い宇宙に飛びだした王子さまは、小惑星
　　325～330が集まっている地域にやってきます。そして「仕事を見つけ、
　　見聞を広めるために pour y chercher une occupation et pour s'instruire」
　　小惑星を一つ一つ訪ねます。

　最初に訪ねた小惑星には一人の王様が住んでいた。王様は緋色の服と白テン
の毛皮を身にまとい、いたってシンプルながら堂々とした王座に座っていた。
　「ああ、家来が来おった！」王様は小さな王子さまを見ると叫んだ。
　王子さまは自問した。
　「まだ一度も会ったことがないのに、なぜぼくのことが分かるんだろう？」
　世の王様にとって、世界がきわめて単純にできていることを王子さまは知ら
なかった。すべての人が家来なのだ。
　「もっとよく見えるよう、近くへ寄れ」ようやく誰かの主人になれて鼻高々の
王様が言った。
　王子さまは座る場所を目で探した。だが、みごとな白テンの毛皮のマントで
星全体が覆われていた。それで王子さまは立ったままでいた。疲れていたので、
あくびが出た。
　「王の前であくびをするのは礼儀に反しておる」と王様は言った。「あくびをす
ることをその方に禁ずる」
　「がまんできなかったんです」王子さまはすっかり恐縮して答えた。「長い旅を
して、眠ってなかったので……」
　「では」と王様は言った。「あくびをするよう命じる。もう何年も人があくびを
するのを見たことがない。わしはあくびに興味津々である。さあ、もっとあくび
をせよ。命令だ」

読解のポイント

王子さまは地球に降り立つ前に、王様の星、自惚れやの星、呑兵衛の星、ビジネ
スマンの星、点灯係の星、地理学者の星を訪れます。この星めぐりはいわば幕間
劇のようなもの。本書ではその一例として王様の星のくだりを取り上げます。

63

22. L'astéroïde du roi (2)

— Ça m'intimide... Je ne peux plus... fit le petit prince tout rougissant.

— Hum ! Hum ! répondit le roi. Alors je... je t'ordonne tantôt de bâiller et tantôt de[1]... »

Il bredouillait un peu et paraissait vexé.

Car le roi tenait essentiellement à ce que son autorité fût respectée[2]. Il ne tolérait pas la désobéissance. C'était un monarque absolu. Mais, comme il était très bon, il donnait des ordres raisonnables.

« Si j'ordonnais, disait[3]-il couramment, si j'ordonnais à un général de se changer en oiseau de mer, et si le général n'obéissait pas, ce ne serait pas la faute du général. Ce serait ma faute. »

« Puis-je m'asseoir ? s'enquit timidement le petit prince.

— Je t'ordonne de t'asseoir », lui répondit le roi, qui ramena majestueusement un pan de son manteau d'hermine.

Mais le petit prince s'étonnait. La planète était minuscule. Sur quoi le roi pouvait-il bien régner[4] ?

« Sire[5]... lui dit-il, je vous demande pardon de vous interroger...

— Je t'ordonne de m'interroger, se hâta de[6] dire le roi.

— Sire... sur quoi régnez-vous ?

— Sur tout, répondit le roi, avec une grande simplicité.

— Sur tout ? »   (X)

Note 1) tantôt A tantôt B：ときに A、ときに B　2) tenir à ce que＋接続法： 〜を強く望む。fût：être の接続法半過去　3) disait：dire の直説法半過去。過去 の習慣を表す　4) 自由間接話法の文　5) ［王、皇帝に対する呼びかけで］陛下、 王様　6) se hâter de＋不定詞：急いで〜する

22. 王様の星 (2)

「そう言われると、緊張しちゃって……もうあくびは出ません」小さな王子さまは真っ赤になって言った。

「えへん、えへん！」王様は答えた。「ならばわしは……わしはその方に命じる。ときにはあくびをし、ときにはまた……」

王様は少しへどもどしながら早口で言った。機嫌を損ねたようだった。

というのも、王様は自分の権威が尊重されることを何よりも重んじていたからだ。不服従には耐えられなかった。絶対君主だったのだ。ただし、とても善良なたちだったので、その命令はいつも道理に適っていた。

「もしわしが」王様はよくこう言った。「もしわしが『海鳥に変身せよ』と将軍に命じて、将軍が従わなかったら、悪いのは将軍ではなかろう。わしの方だ」

「座ってもいいでしょうか？」小さな王子さまはおずおずと訊ねた。

「その方に座るよう命じる」と王様は答え、白テンのマントの裾を厳かに引き寄せた。

だが、小さな王子さまは驚いてしまった。じつに微小な星なのだ。王様はいったい何を支配しているのだろう？

「王様」と王子さまは話しかけた。「お訊ねすることをお許しください……」

「その方に訊ねることを命じる」王様は急いで言った。

「王様は……何を支配してるんですか」

「すべてである」王様はあっけらかんと答えた。

「すべて？」

読解のポイント

自由間接話法は、引用句を用いて登場人物の言葉をそのまま伝える直接話法と、導入動詞（dire, penser 等）や接続詞（que 等）を用いて登場人物の言葉を語り手の言葉で伝える間接話法の中間に位置する話法です。文中の Sur quoi le roi pouvait-il bien régner ? を直接話法にすれば « Sur quoi le roi peut-il bien régner ? »、間接話法なら Il se demanda sur quoi le roi pouvait bien régner. となります。直接話法とは異なり時制が地の文と一致しているため、王子さまの声そのものではなく語り手の視点を介した声だと感じられます。ただし間接話法と比べれば、王子さまの思いをより臨場感をもって伝えていると言えるでしょう。

23. L'astéroïde du roi (3)

Le roi d'un geste discret désigna sa planète, les autres planètes et les étoiles.

« Sur tout ça ? dit le petit prince.

— Sur tout ça... », répondit le roi.

Car non seulement c'était un monarque absolu mais c'était un monarque universel.

« Et les étoiles vous obéissent ?

— Bien sûr, lui dit le roi. Elles obéissent aussitôt. Je ne tolère pas l'indiscipline. »

Un tel pouvoir émerveilla le petit prince. S'il l'avait détenu lui-même, il aurait pu assister, non pas à quarante-quatre, mais à soixante-douze, ou même à cent, ou même à deux cents couchers de soleil dans la même journée, sans avoir jamais à[1] tirer sa chaise[2] ! Et comme il se sentait un peu triste à cause du souvenir de sa petite planète abandonnée, il s'enhardit à[3] solliciter une grâce du roi :

« Je voudrais voir un coucher de soleil... Faites-moi plaisir[4]... Ordonnez au soleil de se coucher...

— Si j'ordonnais à un général de voler d'une fleur à l'autre à la façon d'[5] un papillon, ou d'écrire une tragédie, ou de se changer en oiseau de mer, et si le général n'exécutait pas l'ordre reçu, qui, de lui ou de moi, serait dans son tort ?

— Ce serait[6] vous, dit fermement le petit prince.　　　（X）

Note 1) avoir à＋不定詞：～しなければならない　2) この長い一文は「過去の事実に相反する仮定」を表す。Si に導かれた条件節で détenir の直説法大過去 avait détenu が、主節では pouvoir の条件法過去 aurait pu が用いられている　3) s'enhardir à：思い切って～する　4) Faites-moi plaisir：faire plaisir à （～を喜ばせる）の命令形　5) à la façon de：～のように　6) serait：être の条件法現在。条件を表す部分 (Si ＋直説法半過去) は直前の王様のせりふに含まれている

23. 王様の星 (3)

　王様はさりげない仕草で自分の惑星と他の惑星、星々を指し示した。

「これを全部？」と小さな王子さまは言った。

「これを全部」と王様は答えた。

　というのも、王様は絶対君主であるばかりでなく、宇宙的君主でもあったのだ。

「それで、星たちは王様に従いますか？」

「むろんだ」と王様は言った。「即座に従う。逆らうことは許さん」

　この世にそんな力があるかと思うと、王子さまはうっとりとした。もし王子さま自身がその力を持っていたら、一日に四十四回ではなく七十二回、それどころか百回でも、二百回でも、椅子を一度も動かさずに日没の光景に立ち会えただろう。後にした自分の小さな惑星を思い出して少し悲しい気分になっていた王子さまは、思い切って王様にお願いをしてみた。

「夕陽が見たいんですけど……お願いです……太陽に沈めと命じてくれませんか」

「もしわしが蝶のように花から花へと飛びまわれとか、一篇の悲劇を作れとか、海鳥に変身せよなどと将軍に命じて、将軍がその命令に従わなかったとしたら、悪いのはわしと将軍のどちらであろうか？」

「王様です」王子さまははっきりと答えた。

読解のポイント

自分の星のことを思って感傷的になった王子さまが、夕陽を見たがっています。悲しみを忘れ、「仕事を見つけ、見聞を広める」ために星めぐりを始めた王子さまですが、やがて旅の目的は友達探しに変わります。その変化の最初の兆候をここに認めることができるでしょう。

　海鳥云々はやはり王様の口癖だったようです。作者は海鳥に化けた将軍の絵も、化けそこなった将軍の絵も本文に添えはしませんでしたが、描かれなかった絵を自由に想像するのも楽しいものです。大人の読者にとっては、子供心を取り戻すためのよいエクササイズになるかもしれません。

24. L'astéroïde du roi (4)

— Exact. Il faut exiger de chacun ce que chacun peut donner, reprit le roi. L'autorité repose d'abord sur la raison. Si tu ordonnes à ton peuple d'aller se jeter à la mer, il fera la révolution. J'ai le droit d'exiger l'obéissance parce que mes ordres sont raisonnables.

— Alors mon coucher de soleil ? rappela le petit prince qui jamais n'oubliait une question une fois qu'il l'avait posée.

— Ton coucher de soleil, tu l'[1] auras. Je l'exigerai. Mais j'attendrai, dans ma science du gouvernement, que les conditions soient[2] favorables.

— Quand ça sera-t-il ? s'informa le petit prince.

— Hem ! hem ! lui répondit le roi, qui consulta d'abord un gros calendrier, hem ! hem ! ce sera, vers... vers... ce sera ce soir vers 7 heures 40 ! Et tu verras comme[3] je suis bien obéi. »

Le petit prince bâilla. Il regrettait son coucher de soleil manqué. Et puis il s'ennuyait déjà un peu :

« Je n'ai plus rien à[4] faire ici, dit-il au roi. Je vais repartir !

— Ne pars pas, répondit le roi qui était si fier d'avoir un sujet. Ne pars pas, je te fais ministre !

— Ministre de quoi ?

— De... de la Justice !

— Mais il n'y a personne à juger !　　　　　　　　　　（X）

Note　1) l'(< le) = ton coucher de soleil　2) soient：être の接続法現在。主節の動詞が attendre であるため que 以下に接続法が用いられる　3) comme ：（間接話法で用いられて）どんなに、どのように。Regardez comme elle est belle ce soir ! 彼女が今晩どんなに美しいか見てごらん　4) à：不定詞を伴って必要、義務、予定を表す。problème à régler：解決すべき問題

24. 王様の星 (4)

「そのとおり。人に何か求めるなら、その人にできることを求めねばならぬ。権力とは何よりもまず理性に拠って立つものだ。もしおまえがおまえの民草に『海に身を投げよ』と命じれば、革命が起きようぞ。服従を求める権利がわしにあるのは、わしの命令が道理に適っていればこそだ」

「で、ぼくがお願いした夕陽は？」一度した質問はぜったいに忘れない王子さまが話を元に戻した。

「夕陽はきっと見せてやる。わしが命じてやるからな。だが、わしの統治術にのっとって、条件が整うのを待つとしよう」

「いつになるでしょう？」王子さまは訊ねた。

「えへん、えへん」と言いながら、王様はまず分厚い暦を調べた。「えへん、えへん、だいたい……そう、だいたい……今夜の七時四十分頃である！　見ておれ、わしの命令がいかに忠実に守られるかを」

王子さまはあくびをした。夕陽を見られないのが残念だった。それに、すでに少し退屈していた。

「もうここですることは何もありません」王子さまは言った。「おいとまします」

「行ってはならぬ」家来ができて鼻高々だった王様は言った。「行くな。おまえを大臣にしてやる」

「何の大臣でしょう？」

「その、つまり……司法大臣である」

「でも、裁かなければいけない人なんて一人もいませんよ」

読解のポイント

権威主義の権化のような王様ですが、どこか憎めないところがあります。作家の北杜夫は辻邦生との対談で星めぐりの幕間劇に登場する王様と呑兵衛に特に言及し、「あれ、ほんとにぼくはすばらしい人物たちだと思っちゃった。だからぼくはああいう人たちを軽蔑できないな」と述べ、辻邦生も「そういう人を軽蔑するのが、おとなというものかもしれないね」と応じていますが（『若き日と文学と』中央公論新社）、さて、どうでしょう。ちょっと褒めすぎでしょうか。

25. L'astéroïde du roi (5)

▶25

— Hem ! hem ! dit le roi, je crois bien que sur ma planète il y a quelque part un vieux rat. Je l'entends la nuit. Tu pourras juger ce vieux rat. Tu le condamneras à mort[1] de temps en temps[2]. Ainsi sa vie dépendra de[3] ta justice. Mais tu le gracieras chaque fois pour l'[4] économiser. Il n'y en[5] a qu'un.

— Moi, répondit le petit prince, je n'aime pas condamner à mort, et je crois bien que je m'en vais.

— Non », dit le roi.

Mais le petit prince, ayant achevé ses préparatifs, ne voulut point peiner le vieux monarque :

« Si Votre Majesté[6] désirait être obéie ponctuellement, Elle[7] pourrait me donner un ordre raisonnable. Elle pourrait m'ordonner, par exemple, de partir avant une minute[8]. Il me semble que les conditions sont favorables... »

Le roi n'ayant rien répondu, le petit prince hésita d'abord, puis, avec un soupir, prit le départ.

« Je te fais mon ambassadeur », se hâta alors de crier le roi.

Il avait un grand air d'autorité.

« Les grandes personnes sont bien étranges », se dit le petit prince, en lui-même, durant son voyage.　　　　　　　　　　　　（X）

Note　1) condamner 〜 à mort：〜に死刑を宣告する　2) de temps en temps：ときどき　3) dépendre de：〜に依存する、〜しだいである　4) l' (< le) = le rat　5) en：数詞（ここでは un）のついた語の代わりをする中性代名詞。en を使わずに書けば Il n'y a qu'un rat. になる　6) Majesté：君主の尊称。Votre Majesté は君主への呼びかけの表現　7) Elle が大文字で始まるのは Votre Majesté を受けているため　8) avant ＋時間：〜以内に

25. 王様の星 (5)

王様は王子さまにしつこく司法大臣就任を勧めます。

「えへん、えへん」と王様は言った。「わしの星のどこかに年寄のネズミがおる
はずだ。夜になると音がする。おまえはこの年寄ネズミを裁けばいい。とき
どき死刑を宣告してやれ。それでネズミの命はおまえの裁き次第になる。だが、
もったいないから、毎回、恩赦を与えてやれ。一匹しかおらんのだからな」

「ぼくは」と小さな王子さまは答えた。「死刑の宣告なんかしたくありません。
それに、もう行こうと思ってて」

「ならん」と王様は言った。

出立の支度は済んだが、王子さまは老いた君主を悲しませたくなかった。

「もしきちんと命令を守らせたいとお考えなら、道理に適った命令を出してく
ださるといいんですが。例えば、一分以内に出発しろ、とか。条件はそろってる
と思うんですけど……」

王様が何も答えないので、小さな王子さまは最初ためらっていたが、やがて
ため息をついて出発した。

そこで王様がとっさに叫んだ。「おまえをわしの大使に任命する」

その姿は威厳に満ちていた。

「大人ってずいぶん変わってるな」小さな王子さまは旅を続けながら心の内で
呟いた。

読解のポイント

まるでお笑いのコントを思わせる一コマです。自分を見限って去っていく人の
背中に、とっさに Je te fais mon ambassadeur と声をかける機転と度胸には拍手
を送りたくなります。ただし王子さまは王様の一連の言動を、大人のわけの分
からなさとして受けとめました。大人に対する王子さまの違和感は、この後、星
めぐりの旅を続けるにつれてますます強まっていきます。

2部

(原書 XVI〜XXVII章)

26. Un anneau couleur de lune (1)

Le petit prince, une fois sur Terre, fut donc bien surpris de ne voir personne. Il avait déjà peur de s'être trompé de[1] planète, quand un anneau couleur de[2] lune remua dans le sable.

« Bonne nuit », fit le petit prince à tout hasard[3].

— Bonne nuit, fit le serpent.

— Sur quelle planète suis-je tombé ? demanda le petit prince.

— Sur la Terre, en Afrique, répondit le serpent.

— Ah !... Il n'y a donc personne sur la Terre ?

— Ici c'est le désert. Il n'y a personne dans les déserts. La Terre est grande », dit le serpent.

Le petit prince s'assit sur une pierre et leva les yeux vers le ciel :

« Je me demande, dit-il, si les étoiles sont éclairées afin que chacun puisse[4] un jour retrouver la sienne[5]. Regarde ma planète. Elle est juste[6] au-dessus de[7] nous... Mais comme[8] elle est loin ! » （XVII）

Note 1) se tromper de ＋無冠詞名詞：〜を間違える　2) couleur de：〜色の。couleur の形容詞的用法。無変化。ses yeux couleur d'azur：彼の青い目　3) à tout hasard：念のため。月の色の輪が挨拶を交わすべき相手かどうか分からなかったが、念のために声をかけた、の意　4) puisse：pouvoir の接続法現在。afin que 以下では接続法が用いられる　5) la sienne = son étoile　6) juste：ちょうど　7) au-dessus de：〜の上に　8) comme：(感嘆文を作って) なんという

26. 月の色の輪 (1)

　　王子さまは王様の星を去った後、さらに5つの小惑星を訪ねました。
　　どの星に住んでいるのも一癖ある人物ばかりで、中には好感の持てる
　　人もいましたが、ずっと一緒に暮らせそうにはありません。そこで、
　　今度は地球を目指すことにしました。星めぐりの最後に立ち寄った地
　　理学者の星で、「地球という星は評判が良い」と教わったからです。と
　　ころが、実際に地球に来てみると……

　ところで、地球に降りたった小さな王子さまは、人の気配がまるでないのに
ひどく驚いた。星を間違えたのではないかと早くも心配になっていたところに、
砂の中で、月の色の輪が動いた。

　「こんばんは」小さな王子さまは念のために挨拶した。

　「今晩は」と蛇が言った。

　「ぼくはどこの星に落ちたんだろう」小さな王子さまは訊ねた。

　「地球だ。アフリカだ」と蛇は答えた。

　「ああ……じゃあ、地球には誰もいないの？」

　「ここは砂漠だ。砂漠には誰もいない。地球は広い」と蛇は言った。

　小さな王子さまは石の上に座り、空を見上げた。

　「どの星も明るく照らされているのは」と王子さまは言った。「みんながいつか
自分の星に戻れるようにってことなのかな。ぼくの星を見て。ちょうどぼくた
ちの真上に……。でも、なんて遠いんだろう」

読解のポイント

この直前に語り手の「僕」は「地球上で人間が占めている場所はごくわずかなん
だ」と子供たち読者に教えています。また「地球のすべての住民」が「少し詰め
れば、たてよこ20マイルの広場に優に収まる」とも言っています。地球に対し
て「僕」が抱いているイメージが、このせりふにポンチ絵風の明瞭さで現れてい
ます。たしかに蛇は「砂漠には誰もいない」と言っていますが、「僕」は本当は砂
漠だから人がいないのではなく、そもそも地球自体がひと気のない星なのだと
考えているでしょう。彼にとって、寂寞としたアフリカの砂漠はおそらく最も
地球らしい場所の一つなのです。

27. Un anneau couleur de lune (2)

« Tu es une drôle de bête, lui dit-il enfin, mince comme un doigt...

— Mais je suis plus puissant que le doigt d'un roi », dit le serpent.

Le petit prince eut un sourire :

« Tu n'es pas bien puissant... tu n'as même pas de pattes... tu ne peux même pas voyager...

— Je puis t'emporter plus loin qu'un navire[1] », dit le serpent.

Il s'enroula autour de la cheville du petit prince, comme un bracelet d'or :

« Celui que je touche, je le[2] rends à la Terre[3] dont[4] il[5] est sorti, dit-il encore. Mais tu es pur et tu viens d'une étoile... »

Le petit prince ne répondit rien.

« Tu me fais pitié[6], toi si faible, sur cette Terre de granit. Je puis t'aider un jour si tu regrettes[7] trop ta planète. Je puis...

— Oh ! J'ai très bien compris, fit le petit prince, mais pourquoi parles-tu toujours par énigmes ?

Je les[8] résous toutes », dit le serpent.

Et ils se turent. (XVII)

Note 1) navire：大洋航海用の大型船　2) le = Celui que je touche　3) 一般に terre は « la T 〜 » で「地球」。ただし、ここは「土」「大地」の意味を併せ持つか　4) dont：前置詞 de を含む関係代名詞。cf., Il est sorti de la Terre.　5) il = le (= Celui que je touche)　6) faire pitié à：〜に憐憫の情を催させる　7) regretter：〜を惜しむ、懐かしむ　8) les = les énigmes

27. 月の色の輪 (2)

「きみは変わった動物だね」王子さまはようやく言った。「指みたいに細くて……」

「だが、おれは王の指よりも強い」と蛇は言った。

小さな王子さまは微笑んだ。

「きみはあまり強くないよ……足もないしさ……旅もできないよね……」

「おれはおまえを大型の船よりも遠くに運んでいける」と蛇は言った。

蛇は小さな王子さまのくるぶしに金のブレスレットのように巻きついた。

「おれは、おれが触れたものを、そいつの出処である地球の土に帰してやる。だが、おまえは純真無垢だし、どっかの星から来たのだから……」

小さな王子さまは何も答えなかった。

「こんなに弱いおまえが、この花崗岩でできた地球にいるのを見ていると憐れになる。いつかおまえがどうしても自分の星に帰りたくなったら、おれが助けてやる。おれなら……」

「もう、よく分かったよ」と小さな王子さまは答えた。「だけど、どうしていつも謎かけみたいな話し方をするの?」

「すべての謎をおれが解く」と蛇は言った。

そして二人は黙り込んだ。

読解のポイント

蛇のせりふはどれもたしかに不吉な「謎かけ」のようで、その真意をつかみかねるところもありますが、その分からなさも含めて記憶に留めておきましょう。なお、蛇が口にした cette Terre de granit という表現の中の de granit には「石のように冷徹な、非情な」という比喩的な意味もあります。例えば un cœur de granit と言えば「冷淡な心」です。ただし、ここは敢えて「花崗岩でできた」と直訳風に訳し、鉱物質のイメージをぼかさずにおきます。この点についてはコラム「地球」を参照してください。

28. L'écho

Le petit prince fit l'ascension d'[1] une haute montagne. Les seules montagnes qu'il eût jamais connues[2] étaient les trois volcans qui lui[3] arrivaient au genou. Et il se servait du[4] volcan éteint comme d'un tabouret. « D'une montagne haute comme celle-ci, se dit-il donc, j'apercevrai d'un coup toute la planète et tous les hommes... » Mais il n'aperçut rien que des aiguilles de roc bien aiguisées.

« Bonjour, dit-il à tout hasard.

— Bonjour... Bonjour... Bonjour... répondit l'écho.

— Qui êtes-vous[5] ? dit le petit prince.

— Qui êtes-vous... qui êtes-vous... qui êtes-vous... répondit l'écho.

— Soyez mes amis, je suis seul, dit-il.

— Je suis seul... je suis seul... je suis seul... », répondit l'écho.

« Quelle drôle de planète ! pensa-t-il alors. Elle est toute sèche, et toute pointue et toute salée. Et les hommes manquent d'[6] imagination. Ils répètent ce qu'on leur dit... Chez moi j'avais une fleur : elle parlait toujours la première[7]... »　　　　　　　　　　　　（XIX）

Note　1) faire l'ascension de 〜：〜を登る　2) eût connues：connaître の接続法大過去。先行詞に最上級またはそれに準ずる形容詞（premier, dernier, seul, unique 等）がつく場合、関係詞節では原則として接続法を用いる　3) lui：身体の一部を表す語とともに用いられて所有形容詞の代わりをする。Je lui ai pris le bras.：彼（女）の腕をつかんだ　4) se servir de：〜を使う　5) vous：1人の相手に対する丁寧な呼び方ではなく、2人称複数形と取るのが妥当か。王子さまは « Bonjour... Bonjour... Bonjour... » というこだまに複数の人の声を認めたのだろう　6) manquer de＋無冠詞名詞：〜を欠く　7) la première（< le premier）：最初の人。主語の elle に性数一致。parler le premier（la première）：最初に話す、先に話しはじめる

28. こだま

　小さな王子さまは高い山に登った。それまで王子さまが知っていたのは、自分の膝の高さしかない三つの火山だけだった。死火山は腰掛として使っていた。「これだけ高い山のてっぺんからなら」と王子さまは考えた。「この星と人間たちを全部いっぺんに見渡せるんじゃないか」ところが、見えたのは鋭く尖った岩山だけだった。

　「こんにちは」王子さまは念のために挨拶した。

　「こんにちは……こんにちは……こんにちは……」とこだまが答えた。

　「君たちは誰？」と王子さまは言った。

　「君たちは誰……君たちは誰……君たちは誰……」とこだまが答えた。

　「友達になってよ。ひとりぼっちなんだ」と王子さまは言った。

　「ひとりぼっちなんだ……ひとりぼっちなんだ……ひとりぼっちなんだ……」

　「なんて変わった星だろう！」そこで王子さまは考えた。「この星、からからに乾いてて、ひどく尖ってて、すごく塩っぽくて。それに人間には想像力がない。人に言われたことをただ繰り返すだけで……ぼくのところには花がいた。いつも花の方から先に話しかけてくれた」

読解のポイント

サン＝テクスは南米大陸で航空郵便業務に携わっていたことがあり、吹雪の日にアンデス山脈上空を飛行することもあったそうです。すべての尖峰が「まるで火山のように」雪煙を噴きあげる様子を高度6500メートルの機窓から眺めるうちに「驚異的な孤独感」に襲われたと言います（1930年7月25日付母親宛書簡）。王子さまが高山に登るこの一節にはそのときの記憶が潜んでいるかもしれません。一方、「すごく塩っぽくて」toute salée の一語はどう解すべきでしょう。20代の頃にサン＝テクスが働いていたキャップ・ジュビーの飛行場は、サハラ砂漠と大西洋の境目にあり、満潮時には彼の住むバラックにまで海水が押し寄せてきたそうです。岩と砂だけの乾燥した風景と塩辛い海水のイメージが彼の頭の中では容易に結合し得たでしょう。その地から母親に宛てた手紙には「今日は灰色の天気です。海と空と砂が混ざり合っています。太初の時代の荒涼とした風景です」とあります。

地球

『人間の大地』には「僕らは何世紀もの間、地上の道に騙されつづけてきた」という印象的な一文があります。人間の都合に合わせてできた道——村と村を、また農家と畑や牧場を繋ぎ、岩場や荒れ野を迂回する道——をずっと歩いてきたため、「たっぷりと水を撒いた土地、果樹園、牧草地」しか目にすることができず、その結果、人は地球について誤ったイメージを持ちつづけてきたというのです。20世紀になって飛行機が誕生し、地上のうねうねと曲がりくねった道を離れて大空を一直線に飛ぶようになって初めて、人は地球の本当の姿を発見したのだとサン=テクスは言っています。では、彼が見た地球の本当の姿とはどんなものだったのでしょう。それは「岩と砂と塩でできた地盤」でした。飛行機の窓から見る地球は、鉱物質の不毛な大地だったというのです。こんな言い方もしています——「この惑星はなんてひと気のない星だろう。河や木陰や人の住まいは、幸運が幾重にも重なってようやくできるものなのだと改めて思う。岩と砂がこの惑星の表面のどれだけの割合を占めていることか！」この一文は、「月の輪の色」をした蛇が口にした「花崗岩でできた地球」という言葉や、王子さまの「なんて変な星だろう［……］からからに乾いてて、ひどく尖ってて、すごく塩っぽくて」というせりふと響きあうものです。

サン=テクスがこんな地球観を抱くに至ったのには、彼の航空郵便パイロットとしての〈主戦場〉が、アフリカの砂漠や、溶岩流の跡を残す南米の荒地の上空だったことが関係しているでしょう。

彼は『人間の大地』の中で「僕はサハラ砂漠がとても好きだった」と述懐していますし、『星の王子さま』の語り手の「僕」に、「僕はいつだって砂漠が好きだった」と言わせてもいます（106-7ページ）。きっと月面のような荒涼とした風景に惹かれる感性の持ち主だったにちがいありません。ただ、砂漠への愛着もさることながら、彼が本当に愛したのはむしろ「岩と砂と塩」に覆われた地盤にごく稀に現れる生命のサインでした。サハラ砂漠の上空を延々と飛び続けてきて、不意に前方に緑色に輝く大麦畑が出現し、

人の気配が感じとれるようになると、彼は息が詰まるような驚きと感動を覚えるのです。彼にとって、この殺風景な星に生命が存在すること、そこに人間がいること、そしてその人間が悩んだり夢みたり愛しあったりしていることは、決して当たり前のことではなく、一つの奇跡に他なりませんでした。実際、彼は言っています、「鉱物質の地盤の上に存在する夢、それは一つの奇跡だ」と。不毛な星に奇跡的に芽生えた生命に対する驚きが、彼一流のヒューマニズムの根幹にあります。

　切り立った岩山の上に立つ王子さまの小さな後ろ姿は、「鉱物質の地盤の上に存在する夢」のイメージそのものではないでしょうか。

29. Le jardin de roses

« Bonjour », dit-il.

C'était un jardin fleuri de roses.

« Bonjour », dirent les roses.

Le petit prince les regarda. Elles ressemblaient toutes à sa fleur.

« Qui êtes-vous ? leur demanda-t-il, stupéfait.

— Nous sommes des roses, dirent les roses.

— Ah ! » fit le petit prince...

Et il se sentit très malheureux. Sa fleur lui avait raconté qu'elle était seule de son espèce dans l'univers. Et voici qu'il[1] en[2] était cinq mille, toutes semblables, dans un seul jardin !

« Elle serait bien vexée, se dit-il, si elle voyait ça... elle tousserait énormément et ferait semblant de[3] mourir pour échapper au ridicule. Et je serais bien obligé de faire semblant de la soigner, car, sinon, pour m'humilier moi aussi, elle se laisserait vraiment mourir[4]... »

Puis il se dit encore : « Je me croyais riche d'une fleur unique, et je ne possède qu'une rose ordinaire. Ça et mes trois volcans qui m'arrivent au genou, et dont l'un, peut-être, est éteint pour toujours[5], ça ne fait[6] pas de moi un bien grand prince... » Et, couché dans l'herbe, il pleura.

（XX）

Note 　1）il：非人称の il。il est：（文章語で）〜がある、いる　2）en を使わずに書けば il était cinq mille fleurs となる　3）faire semblant de＋不定詞：〜するふりをする　4）se laisser＋自動詞の不定詞：（抵抗せずに）〜するままにする。se は laisser の直接目的語で、自動詞の不定詞の動作主。se laisser vivre：ぶらぶらのんきに暮らす　5）pour toujours：いつまでも、永遠に　6）faire A de B：B を A にする。ここで A に相当するのは un bien grand prince

29. 薔薇の庭

地球に降り立った王子さまは、砂漠や岩山を越え、
ついに緑豊かな土地に辿り着きました。

「こんにちは」と王子さまは言った。

そこは薔薇の花の咲きほこる庭園だった。

「こんにちは」と薔薇たちは言った。

小さな王子さまは薔薇たちを見つめた。どの薔薇も王子さまの花に似ていた。

「きみたちは誰？」小さな王子さまはあぜんとして訊ねた。

「私たちは薔薇よ」と薔薇たちは言った。

「えっ」と小さな王子さま……。

王子さまはとても不幸になった気がした。王子さまの花は、この宇宙で自分はこの種の唯一の花だと言っていた。ところが今、たった一つの庭によく似た花が五千本も咲いている。

「ひどく不機嫌になるだろうな」と王子さまは思った。「あの花がこれを見たら……。笑いものにならないよう、ものすごく咳きこんで、死にそうなふりをするだろう。ぼくは介抱するふりをしなくちゃいけない。そうしないと、ぼくのこともおとしめようとして、本当に死んでしまうかもしれないから……」

王子さまはこうも思った。「ぼくはこの世に一つしかない花を持ってて裕福なんだと思ってた。でも、本当はありきたりな薔薇を一つ持ってるだけなんだ。他には、ぼくの膝の高さしかない火山が三つあるだけ。そのうちの一つはたぶんずっと火が消えたまま。これじゃあ立派な王子とは言えないよ……」王子さまは草の上に突っ伏して泣いた。

読解のポイント

王子さまの星に咲いた花が薔薇だということは、美しくてとげがある等の記述から読者にはとっくに察しがついていました。ですが、王子さま自身が「薔薇」という名を口にしたのはこれが初めてです。おそらく王子さまはあの花が薔薇であることすら知らなかったのでしょう。

30. Qu'est-ce que signifie "apprivoiser" ? (1)

C'est alors qu'[1] apparut le renard.

« Bonjour, dit le renard.

— Bonjour, répondit poliment le petit prince, qui se retourna[2] mais ne vit rien.

— Je suis là, dit la voix, sous le pommier...

— Qui es-tu ? dit le petit prince. Tu es bien joli...

— Je suis un renard, dit le renard.

— Viens jouer[3] avec moi, lui proposa le petit prince. Je suis tellement triste...

— Je ne puis pas jouer avec toi, dit le renard. Je ne suis pas apprivoisé.

— Ah ! Pardon, fit le petit prince.

Mais, après réflexion, il ajouta :

— Qu'est-ce que signifie "apprivoiser" ? (XXI)

Note 1) C'est alors que：そのとき〜。王子さまが薔薇園を訪れてショックを受けたとき、の意　2) se retourner：振り向く　3) venir＋不定詞：〜しに来る

30. 手なずけるってどういう意味？ (1)

　そこに狐が現れた。

　「こんにちは」と狐は言った。

　「こんにちは」王子さまはていねいに挨拶して振り向いたが、何も見えなかった。

　「ここだよ」と声がした。「リンゴの木の下……」

　「きみは誰？」と王子さまは言った。「きみ、すごくきれいだね……」

　「おいらは狐さ」と狐は言った。

　「こっちにきて一緒に遊ぼうよ」と小さな王子さまは誘った。「今、すごく悲しいんだ」

　「君とは遊べないよ」と狐は言った。「手なずけてもらってないからね」

　「あ、ごめん」と王子さまは言った。

　だが、考え込んでから、こう付け加えた。

　「手なずけるってどういう意味？」

読解のポイント

サン゠テグジュペリは何にもまして友情を——そう、おそらく恋愛以上に友情を熱く語った作家です。この作品でも狐の登場とともにいよいよ友情のテーマが前景化します。もっとも、本作では友情と恋愛が明確に区別されているわけではありません。むしろ双方に共通するエッセンスに光が当てられ、その結果、性の問題は捨象されます。

　友情／恋愛のテーマのキーワードは apprivoiser です。この語はしばしば「[動物]を飼いならす」の意で用いられます。サン゠テクスが1927年の母親宛の手紙で J'ai apprivoisé un caméléon.（カメレオンを一匹手なずけました）と述べているのはその一例です。ただし、もっと広い意味で用いられることもあり、やはり1927年に親友の姉ルネ・ド・ソシーヌに宛てた手紙には Et vous m'avez apprivoisé et je suis devenu très humble. Au fond c'est doux de se laisser apprivoiser.（あなたに手なずけられて、僕はすっかりおとなしくなりました。結局、手なずけられるというのはいいものです）とあります。さらに、動物や人を目的語にしない用法もあり、プチ・ロベール辞書には je tâche d'apprivoiser le vertige（めまいを鎮めようとする）という例文が載っています。狐はこの語にどんな意味を込めたのでしょうか。

31. Qu'est-ce que signifie "apprivoiser" ? (2)

— Tu n'es pas d'ici[1], dit le renard, que cherches-tu ?

— Je cherche les hommes, dit le petit prince. Qu'est-ce que signifie "apprivoiser" ?

— Les hommes, dit le renard, ils[2] ont des fusils et ils chassent. C'est bien gênant ! Ils élèvent aussi des poules. C'est leur seul intérêt[3]. Tu cherches des poules ?

—Non, dit le petit prince. Je cherche des amis. Qu'est-ce que signifie "apprivoiser" ?

— C'est une chose trop oubliée, dit le renard. Ça[4] signifie "créer des liens..."

— Créer des liens ?

— Bien sûr, dit le renard. Tu n'es encore pour moi qu'un petit garçon tout[5] semblable à cent mille petits garçons. Et je n'ai pas besoin de toi. Et tu n'as pas besoin de moi non plus[6]. Je ne suis pour toi qu'un renard semblable à cent mille renards. Mais, si tu m'apprivoises, nous aurons besoin l'un de l'autre. Tu seras pour moi unique au monde. Je serai pour toi unique au monde...

— Je commence à[7] comprendre, dit le petit prince. Il y a une fleur... je crois qu'elle m'a apprivoisé...

(XXI)

Note 1) d'ici：ここの、当地の。gens d'ici：この土地［町、国］の人たち　2) ils：冒頭の Les hommes を受ける　3) intérêt：価値、（対象の持つ）興味。livre sans intérêt；つまらない本　4) Ça：apprivoiser という語を受ける　5) tout：強調の副詞　6) non plus：（否定文とともに）〜もまた…ない。Je ne fume pas. – Moi non plus.「僕はタバコを吸いません」「私もです」　7) commencer à＋不定詞：〜し始める

31. 手なずけるってどういう意味？ (2)

「君はここの子じゃないね」と狐は言った。「何を探してるの？」

「人間を探してるんだ」と王子さまは言った。「手なずけるってどういう意味？」

「人間か」と狐は言った。「奴らは銃を持ってて、狩りをする。迷惑な話だよ。でも、鶏も飼っててさ。奴らのいいところはそこだけだ。君は鶏を探してるの？」

「ううん」小さな王子さまは答えた。「友達がほしいんだ。手なずけるってどういう意味？」

「余りにも忘れられてしまってることだ」と狐は言った。「『絆を作る』って意味だよ」

「絆を作る？」

「そう」と狐は言った。「おいらにとって君はまだ、他の十万の男の子と似たり寄ったりの男の子でしかない。こっちは君を必要としてない。それに、君だってこっちを必要としてない。君にとっておいらは、他の十万の狐とよく似た狐でしかないんだから。だけど、もし君が手なずけてくれたら、お互いがお互いにとって必要になる。おいらにとって君は、この世でかけがえのない人になる。君にとっておいらは、この世でかけがえのない狐に……」

「分かってきたよ」と小さな王子さまは言った。「一輪の花があってね……その花はぼくを手なずけたんだと思う……」

読解のポイント

ご覧のように、王子さまの旅の目的は友達探しに変わっています。そのタイミングで狐に出会えたのは勿怪の幸いと言うべきです。人の幸不幸はそんな偶然で決まるものかもしれません。

「絆を作る」の意味を説明する狐の言葉は魅力的で、心に訴えかける力があります。ただし、うーん、分かるようで分からない、というところがないでもありません。王子さまが狐を手なずけた場合、狐にとって王子さまがかけがえのない人になるというのは理解できますが、なぜ同時に王子さまにとって狐がかけがえのない存在になるのでしょうか。手なずけることと手なずけられることはどんな関係にあるのでしょう。

32. Qu'est-ce que signifie "apprivoiser" ? (3)

« Ma vie est monotone. Je chasse les poules, les hommes me chassent. Toutes les poules se ressemblent, et tous les hommes se ressemblent. Je m'ennuie donc un peu. Mais, si tu m'apprivoises, ma vie sera comme ensoleillée. Je connaîtrai un bruit de pas qui sera différent de tous les autres. Les autres pas me font[1] rentrer sous terre. Le tien[2] m'appellera hors du terrier, comme une musique. Et puis regarde ! Tu vois, là-bas, les champs de blé ? Je ne mange pas de pain. Le blé pour moi est inutile. Les champs de blé ne me rappellent rien. Et ça, c'est triste ! Mais tu as des cheveux couleur d'or. Alors ce sera merveilleux quand tu m'auras apprivoisé ! Le blé, qui est doré, me fera souvenir[3] de toi. Et j'aimerai le bruit du vent dans le blé... »

Le renard se tut et regarda longtemps le petit prince :

« S'il te plaît... apprivoise-moi ! dit-il.

— Je veux bien, répondit le petit prince, mais je n'ai pas beaucoup de temps. J'ai des amis à découvrir et beaucoup de choses à connaître.

— On ne connaît que les choses que l'on apprivoise, dit le renard. Les hommes n'ont plus le temps de rien connaître. Ils achètent des choses toutes faites[4] chez les marchands. Mais comme il n'existe point de marchands d'[5] amis, les hommes n'ont plus d'amis. Si tu veux un ami, apprivoise-moi !   (XXI)

Note 1) 使役動詞の faire。me が rentrer の意味上の主語 2) le tien = ton pas 3) souvenir：se souvenir の再帰代名詞 se の省略形。se souvenir de：～を思い出す 4) toutes faites（< tout fait）：できあいの 5) marchand de：～の売り手、商人。marchand de poissons：魚屋

32. 手なずけるってどういう意味？ (3)

「おいらの暮らしは単調なんだ。おいらが鶏を追っかけて、猟師がおいらを追っかける。鶏はどれも似たりよったりだし、人間もみんな似たりよったりだ。だからちょっと退屈してるんだ。だけど、もし君が手なずけてくれたら、おいらの暮らしは日が差しこんだみたいになるだろうな。他のどんな足音とも違う足音を知ることになるんだ。他の足音が聞こえたら地面の下に隠れるよ。だけど、君の足音はおいらを巣穴の外に誘いだすんだ、まるで音楽みたいにね。それに、ほら。あそこに麦畑が見えるよね。おいら、パンは食べない。だから麦には用がない。麦畑を見ても何一つ思い出さない。それって悲しいことだよ。だけど、君は金色の髪をしてる。君が手なずけてくれたら素敵だろうなあ。麦は金色だから、麦を見ればきっと君を思い出す。麦畑をわたる風の音が好きになって……」

狐は口を噤み、小さな王子さまをじっと見つめた。

「お願いだから……手なずけて」

「そうしたいけど」と小さな王子さまは答えた。「あまり時間がないんだ。友だちを見つけないといけないし、知らなきゃいけないこともたくさんあって」

「自分で手なずけたものしか、本当に知ることはできないよ」と狐は言った。「人間にはもう何かを知るための時間なんてないんだ。人間は商人のところでできあいのものを買うよね。でも友だちを売ってる商人はいない。だから、もう人間には友だちがいないんだ。友だちがほしいなら、おいらを手なずけて」

読解のポイント

誰かと絆で結ばれるとき、世界はどんなに美しく変貌するか。麦畑の話は、この間にたいする一つの答です。と同時に、絆で結ばれた相手がいなくなってしまったとき、残された者は何を慰めに生きていけばよいか、という間の答にもなりそうです。

33. Qu'est-ce que signifie "apprivoiser" ? (4)

— Que faut-il faire ? dit le petit prince.

— Il faut être très patient, répondit le renard. Tu t'assoiras d'abord un peu loin de moi, comme ça, dans l'herbe. Je te regarderai du coin de l'œil et tu ne diras rien. Le langage est source de[1] malentendus. Mais, chaque jour, tu pourras t'asseoir un peu plus près... »

Le lendemain revint le petit prince[2].

« Il eût mieux valu[3] revenir à la même heure, dit le renard. Si tu viens, par exemple, à 4 heures de l'après-midi, dès 3 heures je commencerai d'être heureux. Plus l'heure avancera, plus je me sentirai heureux. À 4 heures, déjà, je m'agiterai et m'inquiéterai ; je découvrirai le prix du bonheur ! Mais si tu viens n'importe quand, je ne saurai jamais à quelle heure m'habiller le cœur[4]... Il faut des rites.

— Qu'est-ce qu'un rite ? dit le petit prince.

— C'est aussi quelque chose de[5] trop oublié, dit le renard. C'est ce qui fait qu'un jour est différent des autres jours, une heure, des autres heures[6]. Il y a un rite, par exemple, chez mes chasseurs. Ils dansent le jeudi avec les filles du village. Alors le jeudi est jour merveilleux ! Je vais me promener jusqu'à la vigne. Si les chasseurs dansaient n'importe quand, les jours se ressembleraient tous, et je n'aurais point de vacances.

(XXI)

Note 1) source de ＋無冠詞名詞：〜の源　2) 主語 le petit prince と動詞 revint の倒置　3) Il eût mieux valu ＋不定詞：〜した方がよかったのに。il vaut mieux の接続法大過去。条件法過去第2形としての用法　4) habiller：〜に服を着せる。m'(< me) によって le cœur の所有者が示されている　5) quelque chose de ＋形容詞：何か〜なもの。quelque chose de neuf：新しい何か　6) une heure, des autres heures：une heure est différente des autres heures の省略形

33. 手なずけるってどういう意味？ (4)

「どうすればいいの」と小さな王子さまは訊ねた。

「すごく根気のいることなんだ」と狐は答えた。「まず、おいらから少し離れたところに座るんだよ、こんなふうに、草の上にさ。こっちは君を目の端で見るけど、君は何も言っちゃいけない。言葉は誤解の元だ。だけど、毎日、少しずつ距離を詰めて座っていいから……」

翌日、小さな王子さまはまたそこにやって来た。

「同じ時間に来てくれた方がよかったな」と狐は言った。「例えば君が午後四時に来るとしたら、こっちはもう三時には嬉しくなり始めるんだ。時間が経つにつれてますます嬉しくなる。四時になったらもう落ち着かなくて、やきもきしちゃう。こうやって幸せの値打ちを知るんだよ。だけど君が好き勝手な時間に来たら、いつ心のおめかしをすればいいのか分からないよ……。儀式が必要なんだ」

「儀式ってなに？」と小さな王子さまは訊ねた。

「こいつもまたひどく忘れられてしまってることだ。ある一日を他の日とは違う日にするもの、あるひとときを他の時間とは違う時間にするもののことだよ。例えばさ、おいらを追っかけまわす狩人たちにも儀式があるんだ。木曜日ごとに村の娘たちと踊るんだよ。だから木曜日は素敵な日だ。ブドウ畑まで散歩に行ける。もし狩人たちが好き勝手なときに踊ってたら、どの日も似たようなものになって、おいらが休める日がなくなっちゃうよ」

読解のポイント

王子さまが薔薇の言葉に振りまわされていたと気づいたのは（57ページ参照のこと）、「言葉は誤解の元だ」と狐に言われたからかもしれません。時間や儀式については、サン＝テクスの未完の大作『城砦』の一節が示唆的です。「時間における儀式は、空間における住まいに相当する。流れ去る時間が、まるで我々を一握りの砂のように磨り減らし、失わせてしまうのではなく、我々を完成へと導いてゆくと感じられるのはよいことだからだ。時間が一つの建築物となるのはよいことだ。それゆえ私は、祝祭から祝祭へ、記念日から記念日へ、葡萄の収穫から収穫へと歩んでいく。ちょうど子供のとき、奥行きのある父の宮殿で、評議の間から憩いの間へと歩を進めたように。そこでは一歩一歩に意味があった」

91

34. Qu'est-ce que signifie "apprivoiser" ? (5)

Ainsi le petit prince apprivoisa le renard. Et quand l'heure du départ fut proche :

« Ah ! dit le renard... Je pleurerai.

— C'est ta faute, dit le petit prince, je ne te souhaitais[1] point de mal, mais tu as voulu que je t'apprivoise[2]...

Bien sûr, dit le renard.

— Mais tu vas pleurer ! dit le petit prince.

— Bien sûr, dit le renard.

— Alors tu n'y gagnes rien[3] !

— J'y gagne, dit le renard, à cause de la couleur du blé. »

Puis il ajouta :

« Va revoir les roses. Tu comprendras que la tienne[4] est unique au monde. Tu reviendras me dire adieu[5], et je te ferai cadeau d'[6]un secret[7]. »   (XXI)

Note 1) souhaiter ... à：〜に…を願う。Je vous souhaite bon chance.：ご幸運をお祈りします 2) apprivoise：apprivoiser の接続法現在。主節の動詞が a voulu (< vouloir) だと que 以下は接続法になる。なお主節が過去時制なので apprivoiser の接続法半過去を使用することも可能だが、日常語においては接続法半過去の代わりに接続法現在を用いる。この一文が会話文であることに注意 3) y gagner：そうすることで〜の利益を得る 4) la tienne = ta rose 5) dire adieu à：〜に別れを告げる 6) faire cadeau de ... à：〜に…を贈る 7) secret：秘密。「秘伝」「奥義」の意味もある

34. 手なずけるってどういう意味？ (5)

　こうして小さな王子さまは狐を手なずけた。そして、出発のときが近づくと
……。

　「ああ」と狐は言った。「……泣いちゃいそうだ」

　「きみのせいだよ」と小さな王子さまは言った。「きみを悲しませたいなんて
ちっとも思ってなかったのに、きみが手なずけてほしいって言うから……」

　「もちろんだよ」と狐は言った。

　「でも、泣いちゃうんでしょ」と王子さまは言った。

　「もちろんだよ」と狐は言った。

　「じゃあ、きみにとって何もいいことなかったじゃない」

　「あるよ」と狐は言った。「麦の色だよ」

　それからこう付け加えた。

　「もう一度薔薇たちに会っておいでよ。君の薔薇がこの世でかけがえのない薔
薇だってことが分かるから。さよならを言いに戻ってきてよね。秘密を一つプ
レゼントするから」

読解のポイント

作家のフィリップ・ドレルム Philippe Delerm は『星の王子さま』の愛読者の一
人で、「どんな哲学も、どんな宗教も、『なぜ他者を愛さなければならないのか』
という問いにこれほど満足のいく答えを僕に与えてはくれなかった」と述べてい
ます。その彼が最も愛着を覚えている一文が J'y gagne [...] à cause de la cou-
leur du blé だそうです。こんなことを言っています。「人は自分の全人生がたっ
た一人の人のためにあるように思いはじめる。他のものは何も見えなくなった
ように感じる。だが、事実はまるで逆だ。この盲目状態こそが視力を生み、意味
を与える。すべてのもの、即ち、現在、記憶、感覚に、意味を与える」(*Il était une
fois... Le Petit Prince d'Antoine de Saint-Exupéry*, textes réunis et présentés par
Alban Cerisier, Gallimard, 2006, p. 295-296.)

▶35

35. On ne peut pas mourir pour vous.

Le petit prince s'en fut[1] revoir les roses :

« Vous n'êtes pas du tout semblables à ma rose, vous n'êtes rien encore, leur dit-il. Personne ne vous a apprivoisées et vous n'avez apprivoisé personne. Vous êtes comme était mon renard. Ce n'était qu'un renard semblable à cent mille autres. Mais j'en ai fait mon ami[2], et il est maintenant unique au monde. »

Et les roses étaient bien gênées.

« Vous êtes belles, mais vous êtes vides, leur dit-il encore. On ne peut pas mourir pour vous. Bien sûr, ma rose à[3] moi, un passant ordinaire croirait[4] qu'elle[5] vous ressemble. Mais à elle seule[6] elle est plus importante que vous toutes, puisque c'est elle que[7] j'ai arrosée. Puisque c'est elle que j'ai mise sous globe. Puisque c'est elle que j'ai abritée par le paravent. Puisque c'est elle dont j'ai tué les chenilles (sauf les deux ou trois pour les papillons). Puisque c'est elle que j'ai écoutée[8] se plaindre, ou se vanter, ou même quelquefois se taire. Puisque c'est ma rose. »　　　　　　　　　　　　　　　（XXI）

Note　1) s'en fut（< s'en être）：s'en aller（行く、立ち去る）と同義。単純過去形でのみ用いられる　2) en を使わずに書けば j'ai fait du renard mon ami　3) à：所属、所有を表す前置詞。Je veux mon piano à moi.：自分のピアノが欲しい　4) croirait：croire の条件法現在。この条件法は主語 un passant ordinaire に仮定的なニュアンスを与える。ただの通りすがりの人であれば〜　5) elle = ma rose　6) à elle seule：ひとりで、それだけで。Il l'a fait à lui seul.：彼はひとりでそれをした　7) c'est elle que：強調構文。ai arrosée の目的語である elle を強調する　8) écouter ... ＋不定詞：…が〜するのに耳を傾ける。Il écoute la pluie tomber.：雨の音に耳を傾ける。三つの不定詞 se plaindre, se vanter, se taire の意味上の主語は elle

35. きみたちのためには死ねない

　小さな王子さまはもう一度薔薇たちに会いに行った。

　「きみたちはぼくの薔薇にちっとも似てない。きみたちにはまだなんの意味も
ないんだ」と王子さまは薔薇たちに言った。「誰もきみたちを手なずけてないし、
きみたちの方も誰も手なずけてない。出会った頃のぼくの狐とおんなじだ。他
の十万匹の狐と似たり寄ったりの狐にすぎなかったんだ。でも、ぼくはその狐
をともだちにした。それで今ではこの世で唯一の狐だ」

　薔薇たちはひどく気まずそうにしていた。

　「きみたちはきれいだよ。でも、からっぽだ」王子さまはさらに言い募った。
「きみたちのためには死ねないよ。もちろん、ぼくの薔薇だって、通りすがりの
人から見れば、きみたちと似たり寄ったりなんだろうけど。でも、きみたちを全
部あわせたより、あの一輪の薔薇の方がだいじだ。だって、ぼくが水をあげたの
はあの薔薇なんだから。ガラスの覆いをかぶせてあげたのもあの薔薇なんだか
ら。衝立で守ってあげたのもあの薔薇だ。あの薔薇のために毛虫を(蝶になるよ
うに、二、三匹は残しておいたけど)退治してあげた。あの薔薇が不平をこぼし
たり、自慢したり、ときには黙り込んだりするのにも耳を傾けた。だって、ぼく
の薔薇なんだから」

読解のポイント

狐はいつしか王子さまにとって師匠のような存在になっています。弟子を育て
る狐の手腕はなかなかのもので、奥義伝授の前にワンクッション置き、気づき
の機会を与えています。それがこの二度目の薔薇園訪問です。

　薔薇園で王子さまが気づいたことを一言で言えば、「きみたちのためには死ね
ない」ということです(この場面で王子さまはだいたい狐の語彙や発想に倣っ
て話していますが、このせりふは王子さま独自の表現です)。これは裏返せば「ぼ
くの薔薇のためなら死ねる」ということでしょう。星に残してきた薔薇こそが
自分にとってかけがえのない薔薇であり、「ぼくの薔薇」のためなら死ねる、死
ななければならないという重い自覚が芽生えた瞬間です。

36. Voici mon secret

Et il revint vers le renard :

« Adieu, dit-il...

« Adieu, dit le renard. Voici[1] mon secret. Il est très simple : on ne voit bien qu'avec le cœur. L'essentiel[2] est invisible pour les yeux.

— L'essentiel est invisible pour les yeux, répéta le petit prince, afin de se souvenir.

— C'est le temps que[3] tu as perdu pour ta rose qui[4] fait[5] ta rose si importante.

— C'est le temps que j'ai perdu pour ma rose... fit le petit prince, afin de se souvenir.

— Les hommes ont oublié cette vérité[6], dit le renard. Mais tu ne dois pas l'oublier. Tu deviens responsable pour toujours de[7] ce que tu as apprivoisé. Tu es responsable de ta rose...

— Je suis responsable de ma rose... » répéta le petit prince, afin de se souvenir. (XXI)

Note 1) voici：以下が〜である、〜は以下の通りである　2) l'essentiel ：核心、重要点　3) que：関係代名詞。先行詞は le temps で、関係詞節中の動詞 ai perdu（＜ perdre）の直接目的語になっている。perdre du temps：時間を無駄にする　4) C'est ... qui 〜の強調構文。主語 le temps que tu as perdu pour ta rose を C'est と qui で挟んで強調している　5) faire ... ＋形容詞［名詞、副詞］：…を〜にする。faire sienne une opinion：ある意見に賛同する　6) cette vérité：cette（＜ ce）を「次の、以下の」の意にとれば、cette vérité の具体的な内容は三つ目の教え（Tu es responsable de ta rose.）となる。ただし既に述べられた二つの教え（L'essentiel est invisible pour les yeux / C'est le temps que tu as perdu pour ta rose qui fait ta rose si importante）と三つ目の教えが不可分な一体を成すと解するなら、cette vérité はそのすべてを指すと取ることもできる　7) responsable de：〜の責任がある

36. おいらの秘密

それから小さな王子さまは狐のもとに戻った。

「さよなら……」と王子さまは言った。

「さよなら」と狐は言った。「じゃあ、おいらの秘密を教えるよ。とても簡単なことなんだ。心で見ないとよく見えない。一番大切なものは目には見えない」

「一番大切なものは目には見えない」小さな王子さまは忘れないように繰り返した。

「君の薔薇をかけがえのないものにしてるのは、君がその薔薇のために無駄にした時間なんだ」

「ぼくが薔薇のために無駄にした時間……」小さな王子さまは忘れないように繰り返した。

「人間はこの真実を忘れてしまった。でも、君は忘れちゃだめだ。君は君が手なずけたものに対して、いつまでも責任があるんだ。君は君の薔薇に責任がある……」

「ぼくはぼくの薔薇に責任がある……」小さな王子さまは忘れないように繰り返した。

読解のポイント

まるで17世紀のモラリスト（パスカルやラ・ロシュフーコー）の箴言を幾つか綴り合わせたような一節です。中でも「一番大切なものは目には見えない」の一文は有名で、しばしば引用されます。ときに独り歩きすることもあるようですが、「無駄にした時間」の意義や「責任」の重さを説く言葉とセットになっていることを忘れずにいましょう。

王子さまは薔薇にせっせと水をやり、ガラスの覆いをかぶせ、衝立で風から守ってやりました。本当は他にやりたいこともあったでしょう。だとすれば、王子さまは時間を無駄にしたのかもしれません。ただし、こうしなければ薔薇を本当に手なずけることはできなかったはずです。肝心なのは、時間を無駄にすることによって、（手なずけられる側が相手に心を許すようになるだけではなく）手なずける側も相手をかけがえのない存在だと思うようになる、という点です。手なずける側と手なずけられる側の間に双方向的な愛の関係が生まれるのです。ここで問題になっているのは恋愛に限られない、かなり広い意味での「愛」であって、こういう愛の関係は子育てや介護の現場でも成立するでしょう。

ニューヨークの恋

　なかなかの艶福家だったサン＝テグジュペリは、亡命先のニューヨークでも何人かの女性と交際していました。その一人はシルヴィア・ハミルトンというジャーナリストです。英語版『人間の大地』の愛読者だった彼女が、友人宅のパーティーで一回り以上年上の作家に積極的にアプローチしたそうです。作家の方も満更ではなかったようで、「僕は君の額に手を当てるとき、君の額をたくさんの星で満たしたいと思っている」などという殺し文句（？）を書き送っています。二人がつき合ったのはちょうど『星の王子さま』が書き進められていた時期でした。

　ステイシー・シフの『サン＝テグジュペリの生涯』はこの二人の面白い逸話を伝えています。時間にルーズなサン＝テクスが彼女の家に遅刻してきて、それを難じられてもとり合わずにいると、彼女が「あなたがもうすぐ来ると思うと、心がはずみだすの」と言ったというのです。「君が午後四時に来るとしたら、おいらはもう三時には嬉しくなりはじめるんだ」という狐のせりふは、もしかするとシルヴィアのこの一言から生まれたのかもしれません。

　じつはフランス語が苦手なシルヴィアは、英語がダメなサン＝テクスとふんだんにジェスチャーを交えて会話をしていました。サン＝テクスからもらった手紙は友人に翻訳させていたようです。彼女を残してアメリカを去ったサン＝テクスの戦線からの手紙には「君は意思疎通のための言葉を持っていなかったが、言葉を持っている連中より多くのことを正しく理解してくれた」とあります。シフは「言葉は誤解の元だ」という狐のせりふもシルヴィアとの交際から生まれたものでは、と考えていますが、あながちあり得ない話ではありません。

　ここで84ページの挿絵をもう一度見てみましょう。狐の耳がやや長すぎますが、これは砂漠に棲む小型の狐フェネックをモデルにしたからでしょう。サン＝テクスはキャップ・ジュビー時代にフェネックを飼っていました。『星の王子さま』執筆中の彼の頭の中で、いつの間にかシルヴィアとフェネックが合体して、愛らしく賢明な狐が生まれたのでしょうか。

ザイル・パーティ

　人と人はそう簡単に分かり合えるものではありませんが、それでも幸運に恵まれて誰かと絆で結ばれたとき、その絆は心と体にずしりと重くのしかかります。狐はそれを「君は君が手なずけたものに対して、いつまでも責任があるんだ」という言い方で示唆していました。ここで改めて肝に銘じましょう。サン＝テクスの言う絆は極めて重いのです。ときには命がけでその重さに耐えなければなりません。『人間の大地』にはこうあります——「経験によれば、愛するとは互いに見つめあうことではない。一緒に同じ方向を見つめることだ。同じザイルに結ばれて、ともに頂上を目指すのでなければ、仲間とは言えない。向き合うのは頂上に着いてからだ」

　箴言のような響きを持つこの文の前半（「〜を見つめることだ」まで）はよく知られたサン＝テクス語録の一つです。今、注目したいのはむしろ後半です。これは絆の重さをよく示す言葉です。実際、ザイル・パーティが滑落し、宙吊りにでもなれば、その全体重が自分にかかってくるわけです。相手の命に対する責任が生じます。そのときはこちらも命がけです。

　サン＝テクスにはやんちゃで気ままな自由人の顔もありましたが（深夜に電話をかけまくるのなどは氷山の一角。女性関係もけっこう盛んでした）、彼が一番美しく語ったのは軽やかな自由ではなく、絆という名の重いくびきでした。手かせ足かせ同然の絆によって己を拘束するのをやめれば、人は自由になれる。が、しがらみを断ち切って自由を謳歌すると、その内あまりの身軽さにふわふわと宙に浮き、大地をしっかり踏みしめられなくなる——そんなふうに考えたサン＝テクスは、絆の重さを敢えて引き受けた人の生き方を、大天使のよろめく歩き方に準えました。即ち「下界で生きていくにはあまりにも体が軽すぎるため、一計を案じ、腰帯に鉛を縫いこんだ大天使」（『人間の大地』）の歩き方です。サン＝テクスは重力に逆らって大空を飛びつづけながら、実は重さの感覚を愛していたのです。

▶37

37. *Un marchand de pilules*

« Bonjour, dit le petit prince.

— Bonjour », dit le marchand.

C'était un marchand de pilules[1)] perfectionnées qui apaisent la soif. On en[2)] avale une par[3)] semaine et l'on n'éprouve plus le besoin de boire.

« Pourquoi vends-tu ça ? dit le petit prince.

— C'est une grosse économie de temps, dit le marchand. Les experts ont fait des calculs. On épargne cinquante-trois minutes par semaine.

— Et que fait-on de ces cinquante-trois minutes ?

— On en[4)] fait ce que l'on veut... »

« Moi, se dit le petit prince, si j'avais cinquante-trois minutes à dépenser, je marcherais tout doucement vers une fontaine[5)]... »

(XXIII)

Note 1) pilule(s)：丸薬 2) en：数形容詞の付いた語に代わる中性代名詞。en を使わずに書けば On avale une pilule par semaine となる 3) par：配分、反復を表す。faire quatre repas par jour ：日に4度食事をする 4) en = de ces cinquante-trois minutes 5) fontaine：泉。地下水が自然に地表に湧き出した場所を指すこともあるが、人工的に設けられた「給水所」や「水飲み場」の意味もある。挿絵から判断すれば、ここは後者

37. 薬売り

　狐と別れた後、王子さまは鉄道の転轍手や商人と出会います。
　以下は商人との会話の場面です。

　「こんにちは」と小さな王子さまは言った。

　「こんにちは」と商人が言った。

　渇きを癒す最新型の丸薬を扱っている薬売りだった。週に一粒服用すれば、もう何も飲みたいとは思わなくなる。

　「どうしてそんなものを売ってるの？」王子さまは訊ねた。

　「たいへんな時間の節約になるものですから」と薬売りは言った。「専門家が計算しましてね。週に五十三分も倹約できるんです」

　「それで、その五十三分をどうするの？」

　「お好きにお使いいただければ」

　「ぼくだったら」と小さな王子さまは心の中で呟いた。「もし好きに使える五十三分があるなら、ゆっくりゆっくり泉に向かって歩いていくだろうな」

読解のポイント

これはサン゠テクスからの〈本当に有意義な時間の使い方〉の提案であり、反タイパ（タイムパフォーマンス）の勧めでもあります。王子さまが言いたかったのは単に「生き急がずにゆっくり行きましょう」というだけのことではなく、わざわざ53分もかけて泉まで歩いていけば、泉の水が特別な水になる、ただの水ではなくかけがえのない水になる、ということだったのではないでしょうか。ここには「君の薔薇をかけがえのないものにしてるのは、君がその薔薇のために無駄にした時間なんだ」という狐の教えと類似したロジックを認めることができるでしょう。

　本書では割愛しましたが、王子さまは転轍手から、特急列車に乗っている大人は皆、居眠りするか欠伸するかしているが、子供たちは窓に鼻を押しつけて外を眺めていると聞かされ、こう言っています。「子供だけは何を探してるのか知ってるんだ。子供はぼろきれでできた人形のために時間を無駄にする。それで、その人形はとても大切なものになる。取りあげられると泣いちゃうんだ……」このせりふも狐の教えを引き継ぐもののようです。

風変わりな地理の授業

　世の中には固い絆で結ばれた友人が、同時に師でもあるということがあります。王子さまにとって狐がそうでした。実際、別れ際に王子さまに「秘密」を授けるシーンの狐は、弟子に奥義を伝授する師以外の何ものでもありません。

　サン＝テクスにも親友であり師でもある人がいました。当時の花形パイロットだったアンリ・ギヨメ（1902-40）です。ラテコエール社に入社してしばらくの間、サン＝テクスはギヨメの指導を受けました。彼が記念すべき初フライトの前夜に訪れたのもギヨメの部屋です。スペイン上空を飛行中にもしエンジンが故障したら、どこに不時着すればよいのか分からない。そう思うと不安でたまらず、助言を求めてギヨメに会いに行ったのです。するとギヨメは一杯のポートワインと「最高に優しい微笑み」で迎えてくれたといいます。サン＝テクスはその日のことをこんなふうに回想しています——「それにしても、あの晩、僕は何と風変わりな地理の授業を受けたのだろう。ギヨメは僕にスペインについて教えたりはしなかった。そうではなく、スペインを僕の友達にしてくれたのだ。彼は河川学の話も、人口や家畜数の話もしなかった。グアディクスの話もしなかった。その代わり、グアディクス近郊の畑の縁に生えている3本のオレンジの木の話をしてくれた。『あれには用心しろ。地図に印をつけておけよ』こうして僕の地図の上では、3本のオレンジの木がシェラ・ネバダ山脈よりも大きなスペースを占めることになったのだ」（『人間の大地』）

　教室に早変わりしたギヨメの部屋の温もりが伝わってくるようです。教えるか、それとも友達にしてやるか、そこが良い師とそうでない師の分かれ目なのでしょう。この後、ギヨメはさらに山の斜面に立つ灯台のような一軒の農家、機体にタックルしてくる30頭の羊、草陰に潜んだ蛇のような油断のならない小川、羊飼いの娘 etc. の話をし、サン＝テクスはその位置を順に地図に書き込んでいきました。すると「僕の地図の中のスペインは、少しずつおとぎの国に変わっていった」といいます。この晩、ギヨメがサン＝テクスに伝授したのは、現実を退屈な数字（人口、家畜数）から解放してワ

102

ンダーランドに変える魔法だったのでしょう。なお、このエピソードは『南方郵便機』の第1部第3章にも出てきます。だいぶ演出が異なりますので、読み比べてみるのも一興でしょう。

　ギヨメはサン＝テクスに責任の意味を教えた人の一人でもあります。特に、待つ人に対する責任の意味です。1930年、ギヨメは極寒のアンデス山中に不時着し、氷の世界で睡魔に襲われながら、彼を信じて待つ妻のために歩き続け、ついに7日目に瀕死の状態で人里に辿り着きました。サン＝テクスは「彼が本当に凄いのは、自分には責任があると感じるところだ」と称え、「人間であるとは、とりもなおさず責任を持つことだ」とまで言っています。

　じつはギヨメはサン＝テクスの二歳年下なのですが、つねにサン＝テクスに一歩先んじているようなところがありました。この世を去ったのもギヨメが先です。1940年11月、地中海上空でギヨメが操縦する輸送機をイタリアの戦闘機が撃墜したのです。サン＝テクスは後に「僕は自分がそのうち死ぬということを、戦争によって、そしてギヨメによって知らされた」と述べています。ギヨメの死によって彼は死を自分ごととして意識したのです。

　悲報に接した直後、サン＝テクスは「ギヨメが死んだ。今夜、僕にはもう友達が一人もいないように思える」と知人に書き送っていますが、その後、『ある人質への手紙』の中ではこう述べています。「僕は喪を受けいれた。ギヨメはもう変わらない。二度と僕の前に現れることはないだろうが、いなくなりもしない。僕は食卓に彼の食器を並べることは断念し（それは無用な罠だ）、彼を本当の死んだ友にした」喪を受けいれることによって初めて死者との真の対話が可能になる——それがギヨメの最後の教えだったのかもしれません。

38. À la recherche d'un puits (1)

▶38

Nous en étions au[1] huitième jour de ma panne dans le désert, et j'avais écouté[2] l'histoire du marchand[3] en buvant la dernière goutte de ma provision d'eau :

« Ah ! dis-je au petit prince, ils[4] sont bien jolis, tes souvenirs, mais je n'ai pas encore réparé mon avion, je n'ai plus rien à boire, et je serais heureux, moi aussi, si je pouvais marcher tout doucement vers une fontaine !

— Mon ami le renard, me dit-il...

— Mon petit bonhomme, il ne s'agit plus du[5] renard !

— Pourquoi ?

— Parce qu'on va mourir de soif... »

Il ne comprit pas mon raisonnement, il me répondit :

« C'est bien d'[6] avoir eu un ami, même si l'on va mourir. Moi, je suis bien content d'avoir eu un ami renard... »

« Il ne mesure pas le danger, me dis-je. Il n'a jamais ni faim ni soif. Un peu de soleil lui suffit... »

Mais il me regarda et répondit à ma pensée :

« J'ai soif aussi... cherchons un puits... »   (XXIV)

Note 1) en être à：〜に達している　2) avais écouté：écouter の直説法大過去。このくだりでは4行目以降の会話が交わされたときが時間軸上の基点であり、それ以前に完了した行為は大過去で表わされている　3) l'histoire du marchand：渇きをしずめる丸薬売りの話　4) ils = tes souvenirs　5) il s'agit de：〜が問題である　6) C'est bien de＋不定詞：〜するのはよいことだ

38. 井戸を探して (1)

ここまでしばらく過去に遡るような形で、王子さまが自分の星を離れるに至った経緯や、旅の途中の様々な出会いが語られてきましたが、ここで「僕」と王子さまが二人きりでいる砂漠の場面に戻ります。

　砂漠で故障してもう八日目だった。僕が商人のエピソードを聞いたのは、水のストックの最後の一滴を飲み干したときだった。
　「ああ」僕は王子さまに言った。「君の思い出話、とても面白かったよ。だけど、飛行機がまだ直っていないのに、飲むものがもう何もないんだ。そりゃあ僕にしたって、ゆっくりゆっくり泉に向かって歩いていけたら、幸せなんだろうけどね」
　「ぼくのともだちの狐がね」と王子さまが言った。
　「坊や、もう狐どころの話じゃないんだ」
　「どうして?」
　「じきに喉が渇いて死ぬんだぜ……」
　王子さまに僕の理屈は通じなかった。王子さまは言った。
　「ともだちがいたのはいいことだよ。たとえもうじき死ぬとしてもね。ぼく、すごく嬉しいんだ、狐とともだちになれてさ……」
　「事態の深刻さが分かってないんだな」と僕は思った。「この子はぜったいに腹がへったり喉が渇いたりしないんだ。ちょっとお日さまが照っていれば、それで十分で……」
　だが、王子さまは僕を見つめ、僕の頭の中の考えにこう応じた。
　「ぼくだって喉が渇いてる……井戸を探そう……」

読解のポイント

ときどき王子さまは透視者めいた物言いをします。箱の絵の奥に羊を見てとったときがそうでした。ここでも「僕」の心の中を見透かしたように、「ぼくだって喉が渇いてる……」と応じています。超能力を云々するまでもなく、子供の旺盛な想像力の為せる業だと考えておけば足りるでしょう。

105

39. À la recherche d'un puits (2)

J'eus un geste de lassitude : il est absurde de chercher un puits, au hasard[1], dans l'immensité du désert. Cependant nous nous mîmes en[2] marche.

Quand nous eûmes marché[3], des heures, en silence, la nuit tomba, et les étoiles commencèrent de s'éclairer. Je les apercevais comme en rêve, ayant un peu de fièvre, à cause de ma soif. Les mots[4] du petit prince dansaient dans ma mémoire.

« Tu as donc soif, toi aussi ? » lui demandai-je.

Mais il ne répondit pas à ma question. Il me dit simplement :

« L'eau peut aussi être bonne pour le cœur... »

Je ne compris pas sa réponse mais je me tus... Je savais bien qu'il ne fallait pas l'interroger.

Il était fatigué. Il s'assit. Je m'assis auprès de lui. Et, après un silence, il dit encore :

« Les étoiles sont belles, à cause d'une fleur que l'on ne voit pas... »

Je répondis « bien sûr » et je regardai, sans parler, les plis du sable sous la lune.

« Le désert est beau », ajouta-t-il.

Et c'était vrai. J'ai toujours aimé le désert. On s'assoit sur une dune de sable. On ne voit rien. On n'entend rien. Et cependant quelque chose rayonne en silence...

« Ce qui embellit le désert, dit le petit prince, c'est qu'il cache un puits quelque part[5]... » （XXIV）

Note 1) au hasard：あてずっぽうに 2) se mettre en＋無冠詞名詞：〜し始める 3) eûmes marché：marcher の直説法前過去。単純過去で示された事柄 (la nuit tomba) の直前に完了した行為を表す 4) Les mots：« J'ai soif aussi... cherchons un puits... » という言葉 5) quelque part：どこかに

39. 井戸を探して (2)

　僕はうんざりした仕草をした。広大な砂漠の中で、あてずっぽうに井戸を探すなんてばかげている。それでも、僕たちは歩きはじめた。

　何時間も黙って歩きつづけると、夜になって、星が瞬きはじめた。僕は喉の渇きのせいで少し熱があったので、夢の中で星々を眺めているような気がしていた。記憶の中では小さな王子さまのさっきの言葉が躍っていた。

　「じゃあ、君も喉が渇いているんだね」と王子さまに訊ねた。

　でも王子さまは僕の質問には答えず、ただこう言った。

　「水は心にもおいしいことがある……」

　僕はこの返事の意味が理解できなかったが、口を噤んだ。王子さまに質問しても仕方がないのはよく分かっていた。

　王子さまは疲れていた。王子さまが座りこみ、僕もそばに座った。しばらく黙っていたが、王子さまはまた口を開いた。

　「星たちが美しいのは、ぼくらには見えない一輪の花のせいだよ……」

　僕は「もちろんだ」と答えたきり、何も言わずに、月に照らされた砂の起伏を見つめた。

　「砂漠は美しいね」と王子さまは付け加えた。

　それはその通りだった。僕はいつだって砂漠が好きだった。砂丘に座ると、何も見えない。何も聞こえない。だが、沈黙の中で何かが光を放っている……。

　「砂漠が美しいのは」と王子さまは言った。「どこかに井戸を一つ隠してるからだよ……」

読解のポイント

「星たちが美しいのは、ぼくらには見えない一輪の花のせいだよ……」や「砂漠が美しいのはどこかに井戸を一つ隠してるからだよ……」という王子さまのせりふは、「一番大切なものは目には見えない」という狐の教えの、いわば弟子による発展的ヴァリエーションです。目には見えない大切なものが、この世界にどんな美的な変容をもたらすか。そこに弟子の関心は向かっています。

107

40. À la recherche d'un puits (3)

Je fus surpris de comprendre soudain ce mystérieux rayonnement du sable. Lorsque j'étais petit garçon, j'habitais une maison ancienne, et la légende racontait qu'un trésor y[1] était enfoui. Bien sûr, jamais personne n'a su le découvrir, ni peut-être même ne l'a cherché. Mais il enchantait toute cette maison. Ma maison cachait un secret au fond de son cœur...

« Oui, dis-je au petit prince, qu'il s'agisse de la maison, des étoiles ou du désert[2], ce qui fait leur beauté est invisible !

— Je suis content, dit-il, que tu sois d'accord avec mon renard. »

Comme le petit prince s'endormait, je le pris dans mes bras, et me remis en route. J'étais ému. Il me semblait porter un trésor fragile. Il me semblait même qu'il n'y eût[3] rien de[4] plus fragile sur la Terre. Je regardais, à la lumière de la lune, ce front pâle, ces yeux clos, ces mèches de cheveux qui tremblaient au vent, et je me disais : « Ce que je vois là n'est qu'une écorce. Le plus important est invisible.... »

Comme ses lèvres entrouvertes ébauchaient un demi-sourire je me dis encore : « Ce qui m'émeut si fort de ce petit prince endormi, c'est sa fidélité pour une fleur, c'est l'image d'une rose qui rayonne en lui comme la flamme d'une lampe, même quand il dort... » Et je le devinai plus fragile encore. Il faut bien protéger les lampes : un coup de vent peut les éteindre...

Et, marchant ainsi, je découvris le puits au lever du jour.　（XXIV）

Note 1) y = dans cette maison ancienne　2) qu'il s'agisse de A, de B ou de C：A、B、C のいずれに関することであれ。s'agisse は s'agir の接続法現在　3) eût：avoir の接続法半過去。Il me semble que（私は〜と思う）の構文で que 以下の内容が不確実なとき、que 以下で接続法が用いられる　4) ne... rien de ＋形容詞：〜なものは何も…ない

40. 井戸を探して (3)

　砂がこんなふうに神秘的な光を放つわけが突然分かって驚いた。子供の頃、僕は古い家に住んでいた。言い伝えによれば、その家には宝物が埋まっていた。もちろん、誰も宝物を発見することはできなかったし、たぶん探しもしなかった。だが、その宝物が家全体に魔法をかけていた。僕の家は心の奥底に秘密を隠し持っていた……

　「そうだね」と王子さまに言った。「家でも、星でも、砂漠でも、その美しさのもとになっているものは、目には見えないんだね」

　「嬉しいよ」と王子さまは言った。「きみがぼくの狐と同じ意見でさ」

　王子さまが眠りかけていたので、王子さまを腕に抱いて、また歩きだした。僕は感動していた。壊れやすい宝物を抱えているような気がしていた。地球上にこれ以上壊れやすいものはないようにも思えた。月の明りに照らされたその青白い額、閉じた目、風に揺れる髪の房を見つめながら、こう心に呟いていた。「ここに見えているのはうわべでしかない。最も大切なものは見えないんだ……」

　王子さまの少し開いた唇がかすかな微笑みを浮かべていたので、こうも思った。「眠っている小さな王子さまの姿がこんなに胸を打つのは、王子さまが一輪の花を一途に思っているからだ。たとえ眠っているときでも、王子さまの中で一輪の薔薇の面影がランプの炎のように光を放っているからだ……」そう考えると、王子さまがいっそう壊れやすいものに思えた。しっかりランプを守らなければならない。一陣の風がランプを吹き消してしまうこともあるのだから……。

　こうして歩きつづけて、夜明けに井戸を発見したんだ。

読解のポイント

王子さまの言葉が「僕」の中で子供の頃の幸福な記憶を呼び覚ました貴重な瞬間です。家も、砂漠も、宇宙も、すべて同じ原理で光り輝くことを知った「僕」の目には、王子さまという一人の生身の存在もまた同じ原理で光り輝いているように見えます。その「僕」が王子さまを見つめて心の中で呟いたせりふに、écorce の一語が含まれていることに注意しましょう。「うわべ」と訳しましたが、第一義的には「樹皮」を意味する言葉です。écorce という語は後でまた出てきますし、王子さまをひそかに木に譬える発想は最後まで保たれるはずです。

109

41. Le chant de la poulie (1)

« Les hommes, dit le petit prince, ils[1) s'enfournent dans les rapides, mais ils ne savent plus ce qu'ils cherchent. Alors ils s'agitent et tournent en rond... »

Et il ajouta :

« Ce n'est pas la peine... »

Le puits que nous avions atteint ne ressemblait pas aux puits sahariens. Les puits sahariens sont de simples trous creusés dans le sable. Celui-là[2) ressemblait à un puits de village. Mais il n'y avait là aucun village, et je croyais rêver.

« C'est étrange, dis-je au petit prince, tout est prêt : la poulie, le seau et la corde... »

Il rit, toucha la corde, fit jouer la poulie. Et la poulie gémit comme gémit[3) une vieille girouette quand le vent a longtemps dormi.

« Tu entends, dit le petit prince, nous réveillons ce puits et il chante... »

Je ne voulais pas qu'il fit un effort[4) :

« Laisse-moi faire[5), lui dis-je, c'est trop lourd pour toi. »

Lentement je hissai le seau jusqu'à la margelle. Je l'y installai bien d'aplomb[6). Dans mes oreilles durait le chant de la poulie et, dans l'eau qui tremblait encore, je voyais trembler le soleil.　　　　（XXV）

Note 1) ils = les hommes　2) Celui-là = Ce puits-là　3) gémit：gémir の直説法現在。一般論を述べる超時的現在の用法。直前の Et la poulie gémit の gémit は直説法単純過去　4) faire un effort：努力する、骨を折る　5) laisser ... ＋不定詞：…に～させておく。Elle me laisse partir.：彼女は私を引き留めない　6) d'aplomb：垂直に、安定して

41. 滑車の歌 (1)

「人間たちって」と小さな王子さまは言った。「われがちに特急列車に乗り込む
くせに、自分が何を探しているのかもう分かってないんだね。それでじたばた
したり、おなじところをぐるぐるまわったり……」

それからこう付け加えた。「そんなこと、しなくていいのに……」

僕たちが辿り着いた井戸は、サハラ砂漠の井戸らしくなかった。ふつうサハ
ラ砂漠の井戸は砂に穿たれたただの穴だ。この井戸はどこかの村の井戸のよう
だった。だが、そこには村らしきものは影も形もなかった。何だか夢を見ている
ような気がした。

「変だ」僕は小さな王子さまに言った。「すべて揃ってる。滑車も、つるべも、
縄も……」

王子さまは笑いながら縄に触れ、滑車を動かした。すると、ずっとやんでいた
風が立って、古い風見鶏がきしむように、滑車がきしんだ音を立てた。

「聞こえるでしょ」と王子さまは言った。「ぼくたち、井戸を目覚めさせたんだ。
井戸が歌ってる……」

僕は王子さまに無理をさせたくなかった。

「僕に任せて」と王子さまに声をかけた。「君には重すぎる」

僕はつるべをゆっくり井戸の縁石まで引き上げると、そこにしっかりと据え
た。耳の中では滑車の歌が鳴りつづけていて、まだ揺れている水の中には、太陽
が揺れているのが見えた。

読解のポイント

「僕」は今では王子さまを優しく見守り、腕に抱いて歩いたり、代わりに水を汲
んであげたりします。まるで保護者のようです。ですが、その一方で、王子さま
に精神的に導かれているようでもあります。そもそも「最も大切なものは見え
ないんだ」と悟ったのが王子さまのおかげでしたし、王子さまが「井戸が歌って
る」と言えば、本当に滑車が歌を歌っているように思えてきます。まるで王子さ
まが師匠で、「僕」は素直な弟子のようです。だとすれば、「僕」は狐の孫弟子に
あたるでしょう。その「僕」の語りに耳を傾ける読者は、さしずめ狐の曾孫弟子
です。

42. Le chant de la poulie (2)

« J'ai soif de cette eau-là, dit le petit prince, donne-moi à boire[1]... »
Et[2] je compris ce qu'il avait cherché !

Je soulevai le seau jusqu'à ses lèvres. Il but, les yeux fermés. C'était doux comme une fête. Cette eau était bien autre chose qu'un aliment. Elle était née de la marche sous les étoiles, du chant de la poulie, de l'effort de mes bras. Elle était bonne pour le cœur, comme un cadeau. Lorsque j'étais petit garçon, la lumière de l'arbre de Noël, la musique de la messe de minuit, la douceur des sourires faisaient ainsi tout le rayonnement du cadeau de Noël que[3] je recevais.

« Les hommes de chez toi, dit le petit prince, cultivent cinq mille roses dans un même jardin... et ils n'y trouvent pas ce qu'ils cherchent...

— Ils ne le trouvent pas, répondis-je...

— Et cependant ce qu'ils cherchent pourrait être trouvé dans une seule rose ou un peu d'eau...

— Bien sûr », répondis-je.

Et le petit prince ajouta :

« Mais les yeux sont aveugles. Il faut chercher avec le cœur. »

J'avais bu[4]. Je respirais bien. Le sable, au lever du jour, est couleur de miel. J'étais heureux aussi de cette couleur de miel. Pourquoi fallait-il que j'eusse[5] de la peine[6]...   (XXV)

Note 1) donner à＋不定詞：～するものを与える。donner à manger：食べ物を与える 2) 驚き等の強い感情を表現するとき et が文頭に来ることがある。Et tu refuses mon invitation !；私の招待を断るのか 3) que：関係代名詞。先行詞は le cadeau de Noël 4) avais bu (< boire)：完了を表す直説法大過去 5) eusse：avoir の接続法半過去 6) avoir de la peine：悲しむ

42. 滑車の歌 (2)

「この水なんだ、ぼくが飲みたいのは」と小さな王子さまは言った。「飲ませて」

ようやく僕にも王子さまが探していたものが分かった。

つるべを王子さまの口元まで持ちあげた。王子さまは目を閉じて飲んだ。こんなふうにしていると、まるで何かの祝祭のように楽しかった。この水はただの飲み水ではなかった。星空の下を歩き、滑車の歌を聴き、僕の両腕が苦労した末に生まれた水だ。それは贈り物のように心においしい水だった。子供の頃、クリスマスツリーの明りや、真夜中のミサの音楽や、皆の優しい微笑みのおかげで、僕が受けとるクリスマスプレゼントはきらきらと輝いていた。

「きみのところの人間たちは」と王子さまは言った。「一つの庭で五千本の薔薇を育ててて……それでも探しているものが見つからなくて……」

「そう、見つからない」と僕は答えた。

「でも、人間たちが探してるものって、たった一本の薔薇や、ほんの少しの水の中に見つかるかもしれない……」

「もちろんだ」と僕は答えた。

小さな王子さまはこう言い足した。

「でも、目では見えない。心で探さなくちゃ」

僕は水を飲んで、息をするのが楽になっていた。夜明けに砂はハチミツ色になる。そのハチミツ色も僕を幸せな気分にしていた。それなのに、なぜ僕の心は痛まなければならなかったのだろう……

読解のポイント

どうやら「水は心にもおいしいことがある……」という王子さまの謎めいた言葉の意味が明らかになったようです。「僕」はまさに「贈り物のように心においしい水」に出会い、子供の頃のクリスマスを思い出したりしながら、ハチミツ色の世界の中で祝祭的な気分に浸ります。ところが、こうして幸せを噛みしめている「僕」の脳裏に、ふいに不吉な予感がよぎります。モーツアルト的とも称すべき突然の転調です。いったいどんな予感だったのでしょう。

一種完璧な状態

　『星の王子さま』の井戸端の場面を読むと、『ある人質への手紙』の一節を思い出さずにはいられません。レオン・ヴェルトとともにソーヌ川河畔のレストランのテラスで過ごした午後のひと時を振り返った一節です。それはサン=テクスの記憶に深く刻まれたひと時ですが、何か特別な事件が起きたわけではありません。ただ単に近くにいた水夫たちを交えてペルノーを一杯やっただけなのです。ただし、テーブルにはなぜか祝祭的気分が漂い、その場を切り盛りするウエイトレスもまるで「永遠の祝祭」を執り行う祭司のようだったそうです。時間が経つにつれて彼らはますます陽気になり、理由はよく分からないものの、それぞれ自分が「純粋で、まっすぐで、光り輝いていて、心が広い」と感じるに至ったのだとか。酔って気が大きくなったというのとは違います。周りの風景が「太陽の暖かいハチミツのような光」に浸っていたことが遠因の一つにはなったかもしれません。さらに、いつの間にか彼らの間で同意が成立していたとも言います。何についての同意なのかは本人たちも説明できないのですが（「ペルノーに関してか。生の意味に関してか。その日の穏やかさに関してか。我々はこれについても何も言えなかった」）、とにかくある種の同意が成立していたのは確かだそうで、サン=テクスはこの精神のあり様を「一種完璧な状態」と呼んでいます。

　彼が『ある人質への手紙』の中でこのエピソードを取りあげたのは、どんな特別な時間、どんな特別な体験を共有すれば、人と人は互いにかけがえのない存在になるのか、という問に答えるためでした。つまり、この「一種完璧な状態」をともに味わったからこそ、レオン・ヴェルトとの友情がいやがうえにも深まったのだと言っているのです。と同時に、上質な人間関係を可能にする環境が戦争によって破壊されたことを嘆き、その環境を取り戻すことを切に願っていたのも間違いありません。もっとも、「環境」という言葉はあまりサン=テクスらしくありません。彼ならむしろ「文明 civilisation」と言うでしょう。

事故の履歴

　『星の王子さま』の「僕」に限らず、サン=テグジュペリ作品に登場するパイロットの多くは、飛行中に不幸な事故に見舞われます。飛行機が墜ちたり消息を絶ったりするのが、さして珍しくもない時代だったのです。むろんサン=テクス自身も幾度も危険な目に遭っています。特に危なかったのを挙げるとすると、1923年にはル・ブールジェ飛行場で操縦ミスを犯して墜落していますし、その10年後には南仏の入江に着水して操縦席から出られなくなり、溺死しかけています。さらに1935年にはコラム「サン=テグジュペリの生涯」でも言及したリビア砂漠の事件がありました。月のない闇夜で視界がまったく利かない中、積雲を連れた風に翻弄され、時速270キロで砂丘に衝突したのです。同乗していた機関士アンドレ・プレヴォも彼も命に別状がなかったのは奇跡です。1938年には懲りずにまた長距離耐久レース（ニューヨーク – プンタアレナス間）に挑戦し、やはり大事故を起こしています。グアテマラの給油地を飛び立とうとして離陸に失敗、重傷を負ったのです。ちなみにこのとき機関士として後部座席に乗っていたのはまたしても哀れなプレヴォでした。その後、彼がサン=テクスの名を聞くだけで震え上がったかどうかは定かではありませんが、一つ確かなのは、この惨事も悪いことばかりではなかったということです。ニューヨークで怪我の療養中、雑事から解放されたサン=テクスは、それまで新聞、雑誌に書き散らしてきた文章を一冊の本に纏めようと想を練ったのです。その結果生まれたのが『人間の大地』です。

　アメリカ亡命中の1941年に泌尿器系の疾患（サン=テクス本人はこの病が過去の墜落事故の後遺症だと信じていました）で入院した際は、術後を見舞った女優アナベラがアンデルセンの「人魚姫」*La Petite Sirène* の読み聞かせをしてくれました。これが『星の王子さま』執筆の誘い水になった可能性があります。作家人生の節目は療養先のベッドで迎える――これがサン=テクスの流儀だったのかもしれません。

43. Le sentiment de l'irréparable (1)

▶43

Il y avait, à côté du puits, une ruine de vieux mur de pierre. Lorsque je revins de mon travail[1], le lendemain soir[2], j'aperçus de loin mon petit prince assis là-haut, les jambes pendantes. Et je l'entendis qui[3] parlait :

« Tu ne t'en[4] souviens donc pas ? disait-il. Ce n'est pas tout à fait ici ! »

Une autre voix lui répondit sans doute, puisqu'il répliqua :

« Si ! Si ! c'est bien le jour, mais ce n'est pas ici l'endroit... »

Je poursuivis ma marche vers le mur. Je ne voyais ni n'entendais[5] toujours personne. Pourtant le petit prince répliqua de nouveau :

« ... Bien sûr. Tu verras où commence ma trace dans le sable. Tu n'as qu'à[6] m'y attendre. J'y serai cette nuit. »

J'étais à vingt mètres du mur et je ne voyais toujours rien.

Le petit prince dit encore, après un silence :

« Tu as du bon venin ? Tu es sûr de ne pas me faire souffrir longtemps ? »

Je fis halte[7], le cœur serré, mais je ne comprenais toujours pas.

« Maintenant, va-t'en, dit-il... je veux redescendre ! »

(XXVI)

Note 1) mon travail：飛行機の修理　2) le lendemain soir：井戸を発見した日の翌日の夕方　3) 関係代名詞の qui。先行詞は l'（＜ le）= le petit prince　4) 中性代名詞の en。「僕」にも読者にもこの en が何の代理をしているのか正確には分からない　5) 同じ主語を持つ複数の動詞の否定。ne ＋動詞Ａ ＋ ni ne ＋動詞Ｂ。Je ne l'aime ni ne le respecte.：彼を愛していないし敬ってもいない　6) n'avoir qu'à＋不定詞：〜しさえすればよい　7) faire halte：止まる、休む

43. 取り返しのつかないことの予感 (1)

　　　　一緒に井戸の水を飲んだ後、王子さまは「僕」に、地球に来て明日で
ちょうど一年になること、初めて地球に降り立ったのがこの井戸のそば
だったことを打ち明けました。そして、飛行機の修理のために元の場所
に戻るように勧め、「明日の夕方、またここに来てね」と言い添えました。

　井戸のわきに崩れかけた古い石壁があった。翌日の夕方、仕事から戻ってく
ると、王子さまがその石壁の上に座って足をぶらぶらさせているのが遠くから
見えた。こんなことを言っているのが聞こえた。

　「じゃあ覚えていないの？　ぴったりここじゃないよ」

　どうやら誰かの声がそれに答えたようだった。というのも王子さまがこう言
い返したから。

　「ううん、ほんとだよ！　日にちはあってるんだ。でも場所がここじゃなくて
……」

　僕は壁に向かって歩きつづけた。あいかわらず誰も見えないし、声も聞こえ
なかった。ただ、王子さまがまた言い返した。

　「……そりゃそうさ。砂の上のぼくの足跡がどこから始まってるか見てみて
よ。そこで待っててくれればいいから。今夜、そこに行くからさ」

　僕は壁まで後二十メートルのところにいたが、やはり何も見えなかった。

　王子さまは一度黙ってから、また言った。

　「きみの毒は効き目がいいんだよね？　ぼく、長く苦しんだりしないよね？」

　僕は胸を締めつけられて、足を止めた。だが、あいかわらずわけが分からな
かった。

　「もうあっちへ行って」と王子さまが言った。「ここから降りるから！」

読解のポイント

「僕」は飛行機のエンジンの修理のためにいったん井戸を離れたわけですが、そ
のわずかな留守の間に、事態は劇的に変わりはじめています。人生ってそうい
うものかもしれない……と考えさせるストーリー展開です。

44. Le sentiment de l'irréparable (2)

　Alors j'abaissai moi-même les yeux vers le pied du mur, et je fis un bond ! Il[1] était là, dressé vers le petit prince, un de ces serpents jaunes qui vous[2] exécutent en trente secondes. Tout en fouillant ma poche pour en[3] tirer mon revolver, je pris le pas de course[4], mais, au bruit que je fis, le serpent se laissa doucement couler dans le sable, comme un jet d'eau qui meurt, et, sans trop se presser, se faufila entre les pierres avec un léger bruit de métal.

　Je parvins au mur juste[5] à temps[6] pour y recevoir dans les bras mon petit bonhomme de prince, pâle comme la neige.

　« Quelle est cette histoire-là ! Tu parles maintenant avec les serpents ! »

　J'avais défait[7] son éternel[8] cache-nez d'or. Je lui avais mouillé les tempes et l'avais fait boire. Et maintenant je n'osais plus rien lui demander. Il me regarda gravement et m'entoura le cou de ses bras. Je sentais battre son cœur[9] comme celui[10] d'un oiseau qui meurt, quand on l'a tiré à la carabine[11]. 　　　　　　　　　　　（XXVI）

Note　1) il = un de ces serpents jaunes　2) vous：不特定な人、あるいは人間一般を表す　3) en = de ma poche　4) pas de course：駆け足　5) juste：副詞。ぎりぎりに。arriver juste：ぎりぎりに着く　6) à temps：ちょうどよいタイミングで、遅れずに　7) avais défait：défaire の直説法大過去。後続の Et maintenant je n'osais plus [...] の時点ですでに完了している行為を表す　8) éternel：例の、いつもの。Il portait son éternel manteau.：彼はトレードマークのコートを着ていた　9) sentais：知覚動詞 sentir の直説法半過去。不定詞 battre の意味上の主語は son cœur　10) celui = le cœur　11) tirer 〜 à la cabine：〜をカービン銃で撃つ

118

44. 取り返しのつかないことの予感 (2)

そこで僕も視線を落とし、壁の足もとを見た。そして飛び上がった。三十秒で人の命を奪うあの黄色い蛇が一匹、王子さまに向かって鎌首をもたげていたのだ。僕はポケットを探ってピストルをとり出しながら走った。だが、僕の足音に気づいた蛇は、まるで噴水が死に絶えるときのように静かに砂の中に沈んでいった。そして、さして慌てるでもなく、かすかな金属音を立てて石と石の隙間に潜り込んだ。

僕はぎりぎりのタイミングで壁に辿り着き、落下してくる小さな小さな王子さまをかろうじて腕に受けとめた。王子さまの顔は雪のように蒼白だった。

「いったいどうなってるんだ！　いまじゃ君はもう蛇と話をするのか！」

僕は王子さまの例の金色のマフラーをほどいた。そしてこめかみを濡らし、水を飲ませた。それだけのことをしてしまうと、後はもう何を訊ねる勇気もなかった。王子さまは僕をまじめな顔で見つめ、僕の首に腕を巻きつけた。王子さまの心臓が、まるでカービン銃で撃たれて死にかけている鳥の心臓のようにどきどきしているのが分かった。

読解のポイント

「三十秒で人の命を奪う……」「噴水が死に絶えるときのように……」「死にかけている鳥の心臓……」と死のイメージに満ちた一節です。鎌首をもたげた黄色い蛇は、王子さまが地球に降り立った日に出会った「月の色の輪」のような蛇にちがいありません。あの日の蛇の謎めいた不気味な言葉が思い出されます。大蛇ボアのユーモラスな絵とともに幕を開けたこの物語は、ボアよりずっと小さく、おそらくもっと危険な蛇の再登場とともに、終わりの気配を漂わせはじめました。

45. Le sentiment de l'irréparable (3)

Il me dit :

« Je suis content que tu aies trouvé[1] ce qui manquait à[2] ta machine. Tu vas pouvoir rentrer chez toi...

— Comment sais-tu ? »

Je venais justement lui annoncer que, contre toute espérance[3], j'avais réussi mon travail !

Il ne répondit rien à ma question, mais il ajouta :

« Moi aussi, aujourd'hui, je rentre chez moi... »

Puis, mélancolique :

« C'est bien plus loin... c'est bien plus difficile... »

Je sentais bien qu'il se passait[4] quelque chose d'extraordinaire. Je le serrais dans les bras comme un petit enfant, et cependant il me semblait qu'il coulait verticalement dans un abîme sans que je puisse[5] rien pour le[6] retenir...

Il avait le regard sérieux, perdu très loin :

« J'ai ton mouton. Et j'ai la caisse pour le mouton. Et j'ai la muselière... »

Et il sourit avec mélancolie. (XXVI)

Note 1) aies trouvé : trouver の接続法過去。être content que（〜が嬉しい）の構文では que 以下に接続法を用いる 2) manquer à : 〜に欠けている、足りない 3) contre toute espérance : 予想に反して 4) se passait : se passer（生じる）の直説法半過去。直説法半過去が過去における未来を表すことがある。J'ai dit à ma femme que je partais. : 私は妻に出かけると言った 5) puisse : pouvoir の接続法現在。sans que の後は接続法を用いる 6) le = le petit prince

45. 取り返しのつかないことの予感 (3)

王子さまは言った。

「きみのエンジンに欠けていたものが見つかったんだね。よかった。これでおうちに帰れるね」

「なぜそれを知っている？」

僕はまさにそれを王子さまに伝えにきたのだ。予想に反してうまくいったよ、と。

王子さまはこちらの質問には何も答えずに言葉を継いだ。

「ぼくも今日、うちに帰るんだ……」

それから表情を曇らせた。

「きみのところよりずっと遠くて……ずっと難しいんだ……」

何かとんでもないことが起きようとしているのがひしひしと感じられた。僕は幼い子を抱くように王子さまを腕に抱いた。だが、それでも、王子さまが深い淵をまっすぐに沈んでいくのをどうすることもできないような気がしていた……。

王子さまは真剣なまなざしではるか遠くを見ていた。

「ぼくにはきみがくれた羊がいる。羊のための箱がある。それに口輪も……」

そして憂うつそうに笑った。

読解のポイント

じつはこれまでに王子さまは羊の絵をポケットから取り出し、じっと見入っていることがありました。王子さまにとって、そうやって親しんだ羊の絵は、子供たちが何よりも大切にするあの「ぼろきれでできた人形」のようなものではないでしょうか。あるいはむしろ、お守り代わりと言うべきでしょうか。羊の絵を心の支えにして今、王子さまははるか遠くの星に帰る決意を固めたようです。

46. Le sentiment de l'irréparable (4)

J'attendis longtemps. Je sentais qu'il se réchauffait peu à peu :

« Petit bonhomme, tu as eu peur... »

Il avait eu peur, bien sûr ! Mais il rit doucement :

« J'aurai bien plus peur ce soir... »

De nouveau je me sentis glacé[1] par le sentiment de l'irréparable. Et je compris que je ne supportais pas l'idée de ne plus jamais entendre ce rire. C'était pour moi comme une fontaine dans le désert.

« Petit bonhomme, je veux encore t'entendre rire... »

Mais il me dit :

« Cette nuit, ça fera un an. Mon étoile se trouvera juste au-dessus de l'endroit où je suis tombé l'année dernière...

— Petit bonhomme, n'est-ce pas que c'[2] est un mauvais rêve cette histoire de serpent et de rendez-vous et d'étoile[3]... »

Mais il ne répondit pas à ma question.　　　　　　　（XXVI）

Note　1) se sentir ＋属詞：自分が～だと感じる　2) c'（＜ce）：cette histoire de serpent et de rendez-vous et d'étoile と同格　3) 3つ以上のものを並列するときは、最後の項の前にだけ et を置くの一般的。ただし並列された各項を強調するときには et を反復する

46. 取り返しのつかないことの予感 (4)

　僕は長い間そうしていた。王子さまの体が少しずつ温もりを取り戻していくのが分かった。

　「坊や、怖かったんだね……」

　あたりまえだ、怖くないはずがない。だが、王子さまは穏やかに笑った。

　「今夜はもっと怖いだろうな……」

　僕は取り返しのつかないことの予感にふたたび捉われ、体中が凍りつくのを感じた。そして悟った。王子さまのこの笑い声を二度と聞けないなんてことは、とうてい耐えられないということを。僕にとってこの笑い声は砂漠の中の泉のようなものだった。

　「坊や、君が笑うのをもっと聞きたいんだ」

　だが、王子さまは言った。

　「今夜で一年になる。去年ぼくが落ちた場所のちょうど真上に、ぼくの星が来るはずなんだ……」

　「坊や、その蛇とか、約束とか、星とかって話は、ただの悪い夢にすぎないんだろう？……」

　だが、王子さまは僕の質問に答えなかった。

読解のポイント

王子さまが初めて「僕」の前で声を立てて笑ったのは、空から「僕」が落ちてきたと知ったときでした（34ページ）。あのとき「僕」は王子さまに笑われてむっとし、「人の不幸はまじめに聞いてもらいたい」と憤慨したものでしたが、今では王子さまの笑い声をかけがえのないものに感じています。人は変われば変わるものです。そう言えば、二人でようやく探し当てた井戸の水を汲むときも王子さまは笑っていました。「僕」にとって王子さまの笑い声は様々な記憶と結びついているのでしょう。滑車の歌とも結びついているはずです。

47. Je vais te faire un cadeau (1)

— Tu regarderas, la nuit, les étoiles. C'est trop petit chez moi pour que je te montre[1] où se trouve la mienne[2]. C'est mieux comme ça. Mon étoile, ça sera pour toi une des étoiles. Alors, toutes les étoiles, tu aimeras les[3] regarder... Elles seront toutes[4] tes amies. Et puis je vais te faire un cadeau...

Il rit encore.

« Ah ! Petit bonhomme, petit bonhomme, j'aime entendre ce rire !

— Justement ce sera mon cadeau... ce sera comme pour l'eau...

— Que veux-tu dire ?

— Les gens ont des étoiles qui ne sont pas les mêmes. Pour les uns, qui voyagent, les étoiles sont des guides. Pour d'autres elles ne sont rien que de petites lumières. Pour d'autres, qui sont savants, elles sont des problèmes. Pour mon businessman[5] elles étaient de l'or. Mais toutes ces étoiles-là se taisent. Toi, tu auras des étoiles comme personne n'en[6] a...

— Que veux-tu dire ?

— Quand tu regarderas le ciel, la nuit, puisque j'habiterai dans l'une d'elles[7], puisque je rirai dans l'une d'elles, alors ce sera pour toi comme si riaient toutes les étoiles. Tu auras, toi, des étoiles qui savent rire ! »

Et il rit encore. （XXVI）

Note　1) montre：montrer の接続法現在。pour que の後は接続法　2) la mienne = mon étoile　3) les = toutes les étoiles　4) toutes（< tout）：代名詞。Elles と同格　5) 王子さまは地球に来る前にビジネスマンの星を訪ねている　6) en = d'étoiles　7) elles = les étoiles

47. きみにプレゼントがあるんだ (1)

　　　　　別れの予感に打ちひしがれる「僕」に、王子さまが話しかけます。

　「夜になったら、星を見てよね。ぼくのところは小さすぎて、あそこだよって指さして教えてあげられない。でも、その方がいいんだ。ぼくの星はきみにとって、たくさんある星の中の一つになる。だから、きみはすべての星を見るのが好きになる……星が全部きみのともだちになるんだよ。それとさ、きみにプレゼントがあるんだ……」

　王子さまはまた笑った。

　「ああ！　坊や、坊や、その笑い声を聞くのが好きなんだ」

　「そうだよ、これがぼくのプレゼントだよ……水のときと同じさ」

　「どういう意味？」

　「人はそれぞれ違う星を持ってる。旅をする人にとって、星は道案内だよね。でも、別の人にとっては、ちっちゃな光でしかない。また別の、学問をする人にとっては、星は解決しなくちゃいけない問題だ。ぼくが出会った実業家にとってはお金だった。だけど、そういう星は全部、黙りこんでる。きみはね、誰も持ってないような星を持つんだよ……」

　「どういう意味？」

　「夜になって、きみが空を見あげると、たくさんある星の中の一つにぼくが住んでて、そのたくさんある星の一つで笑うから、きみにとってはすべての星が笑ってるみたいになるんだ。きみはね、笑うことのできる星を持つんだよ」

　そして王子さまはまた笑った。

読解のポイント

王子さまにとって自分の星に帰るということは、せっかく絆で結ばれた「僕」を置き去りにするということです。しかも、「僕」に自分の正確な行き先を教えることもできません。ですが、王子さまは「その方がいいんだ」と言います。それが広い夜空を笑い声で満たすための必要条件なのです。別れに臨んで王子さまは、大切な人の不在（出立）と喪失（消息不明）を梃子にして宇宙を祝祭的空間に変える術を「僕」に授けたのだと言えるでしょう。

48. Je vais te faire un cadeau (2)

« Et quand tu seras consolé (on se console toujours)[1] tu seras content de m'avoir connu. Tu seras toujours mon ami. Tu auras envie de rire avec moi. Et tu ouvriras parfois ta fenêtre, comme ça, pour le plaisir[2]... Et tes amis seront bien étonnés de te voir rire en regardant[3] le ciel. Alors tu leur diras : " Oui, les étoiles, ça[4] me fait toujours rire ! " Et ils te croiront fou. Je t'aurai joué[5] un bien vilain tour[6]... »

Et il rit encore.

— Ce sera comme si je t'avais donné, au lieu d'[7] étoiles, des tas de petits grelots qui savent rire... »

Et il rit encore. Puis il redevint sérieux :

« Cette nuit... tu sais... ne viens pas.

— Je ne te quitterai pas.

— j'aurai l'air d'avoir mal... j'aurai un peu l'air de mourir. C'est comme ça. Ne viens pas voir ça, ce n'est pas la peine...　　　（XXVI）

Note 1)（on se console toujours）：普遍的真実を表す直説法現在。カッコで括られているのは王子さまの口調の変化を暗示するためか？　この一文を王子さまの言葉ではなく、語りの時点での「僕」のコメントと取ることも可能　2) pour le plaisir：気晴らしに、遊びで　3) en regardant：〈前置詞 en ＋現在分詞〉のジェロンディフ。このジェロンディフの意味上の主語は人称代名詞の te（te voir rire）　4) ça = les étoiles　5) aurai joué：jouer の直説法前未来。基点となる未来の時（「僕」の友人たちが驚くとき）に完了している事柄を表す　6) tour：いたずら。jouer un petit tour à：〜にちょっといたずらする　7) au lieu de：〜の代わりに

48. きみにプレゼントがあるんだ (2)

「きみがもう悲しくなくなったら（ひとの悲しみはかならず癒えるんだ）、ぼくと出会ってよかったって思うよ。きみはいつまでもぼくのともだちだからね。ぼくと一緒に笑いたくなるよね。そしたら、ときどきこんなふうに、気晴らしに窓を開けてさ……きみのともだちは皆、きみが空を眺めて笑ってるのを見て、すごくびっくりするだろうな。そこできみはこう言うんだ。『そう、星を見ると、きまって笑っちゃうんだ！』ともだちは皆、きみが気が変になったと思うだろうね。ぼく、きみにひどいいたずらをしちゃったことになるな……」

そして王子さまはまた笑った。

「まるで星じゃなくて、笑うことのできる小さな鈴をたくさんあげたみたいだね」

そして王子さまはまた笑った。それからまじめな口調に戻った。

「今夜……いいね……来ちゃだめだよ」

「僕は君から離れない」

「ぼく、具合が悪くなったように見えるだろうな……何だか死んじゃうみたいに……そういうものなんだ。そんなの見に来ないでね。わざわざ来る必要ないから……」

読解のポイント

美しい星空のヴィジョンと、迫りくる死の予感。この二つがブレンドされて、深い味わいを生んでいます。夜空にさざめく無数の「小さな鈴」は、弔鐘でもあるのかもしれません。

王子さまは「ぼくと出会ってよかったって思うよ」と言って「僕」を元気づけていますが、これを読むと J'y gagne à cause de la couleur du blé という狐の例の一言が思い出されます。君の姿を彷彿とさせる美しい風景が残るから、たとえ離れ離れになって泣いてしまったとしても、やっぱり君と会えてよかったと思えるだろう……という意味の言葉でした。「ぼくと出会ってよかったって思うよ」というせりふを王子さまが口先だけでなく、確信を持って言えたのだとしたら、その確信を支えたのは狐のこの一言だったにちがいありません。

49. L'heure de la séparation (1)

Cette nuit-là je ne le vis pas se mettre en route. Il s'était évadé[1] sans bruit. Quand je réussis à le rejoindre il marchait décidé, d'un pas rapide. Il me dit seulement :

« Ah ! Tu es là... »

Et il me prit par la main. Mais il se tourmenta encore :

« Tu as eu tort. Tu auras de la peine. J'aurai l'air d'être mort et ce ne sera pas vrai... »

Moi je me taisais[2].

« Tu comprends. C'est trop loin. Je ne peux pas emporter ce corps-là. C'est trop lourd. »

Moi je me taisais.

« Mais ce sera comme une vieille écorce abandonnée. Ce[3] n'est pas triste les vieilles écorces... »

Moi je me taisais.

Il se découragea un peu. Mais il fit encore un effort :

« Ce sera gentil, tu sais. Moi aussi, je regarderai les étoiles. Toutes les étoiles seront des puits avec une poulie rouillée. Toutes les étoiles me verseront à boire[4] ... »

Moi je me taisais.

« Ce sera tellement amusant ! Tu auras cinq cents millions de grelots, j'aurai cinq cents millions de fontaines... »

Et il se tut aussi, parce qu'il pleurait...　　　　　（XXVI）

Note　1）s'était évadé：s'évader の直説法大過去。気づいたときにはすでにいなかった、の意。　2）この一節では Moi je me taisais の反復が重苦しいリズムを生んでいる　3）Ce = les vieilles écorces　4）verser à boire：飲み物をつぐ

49. 別れのとき（1）

　その夜、僕は王子さまが出ていくのに気づかなかった。音も立てずにいつの間にかいなくなっていた。どうにか追いつくと、王子さまは意を決した様子で足早に歩いていた。僕にはただ一言こう言った。

　「ああ、来たの……」

　そして僕の手を握った。だが、そこでまた悩みはじめた。

　「来ちゃいけなかったのに。きみがつらい思いをするんだよ。ぼく、死んだみたいになるだろうけど、でも、それって、ほんとじゃないからね……」

　僕は黙っていた。

　「分かるよね。遠すぎるんだ。この体を運んではいけない。重すぎる」

　僕は黙っていた。

　「でも、捨てられた古い木の皮みたいなものだからね。古い木の皮なんて悲しくないよね」

　僕は黙っていた。

　王子さまは少ししゅんとなった。だが、また自分をふるいたたせた。

　「ね、すてきだよね。ぼくも星を見るよ。すべての星が、錆びた滑車の付いた井戸になるんだ。すべての星がぼくに水を注いでくれて……」

　僕は黙っていた。

　「すごく楽しいだろうな！　きみには五億の鈴が、ぼくには五億の泉があって……」

　そこで王子さまも黙った。泣いていたんだ……。

読解のポイント

「木の皮」の原語は écorces です。この語には109ページの「読解のポイント」でも触れました。「捨てられた古い木の皮」とは、王子さまが地球に捨てていく自分の肉体のことですから、「古い抜け殻」とでも訳した方がイメージが湧きやすいかもしれません。ただ、そう訳して、王子さまを蛇の仲間か何かと思われるのは嫌なので（何ぶんにも一度ならず蛇が登場する話ですので……）、結局、木の皮にしました。この訳語なら、この後の重要なシーンとの親和性も高いはず。ちなみに蛇や昆虫の抜け殻を指す語としては dépouille が一般的です。

50. L'heure de la séparation (2)

« C'est là. Laisse-moi faire un pas[1] tout seul. »

Et il s'assit parce qu'il avait peur. Il dit encore :

« Tu sais... ma fleur... j'en[2] suis responsable ! Et elle est tellement faible ! Et elle est tellement naïve. Elle a quatre épines de rien du tout[3] pour la[4] protéger contre le monde... »

Moi je m'assis parce que je ne pouvais plus me tenir debout. Il dit :

« Voilà... C'est tout... »

Il hésita encore un peu, puis il se releva. Il fit un pas. Moi je ne pouvais pas bouger.

Il n'y eut rien qu'un éclair jaune près de sa cheville. Il[5] demeura un instant[6] immobile. Il ne cria pas. Il tomba doucement comme tombe un arbre. Ça ne fit même pas de bruit, à cause du sable.　　　(XXVI)

Note 1) laisser ... ＋不定詞（…に〜させておく）の命令形。faire の意味上の主語は moi で、un pas は faire の目的語　2) en = de ma fleur　3) de rien du tout：とるに足りない、つまらない　4) la = ma fleur　5) Il = le petit prince　6) un instant：ちょっとの間、一瞬

50. 別れのとき（2）

「ここだよ。一人きりで一歩前に行かせてね」

だが、王子さまは怖くなってしゃがみこんだ。王子さまはまた言った。

「ほら……ぼくの花……ぼくはあの花に責任があるんだ。あの花、すごく弱いんだ。すごくむじゃきで。世の中から身を守るのに、とるに足りない棘が四つあるだけで……」

僕は立っていられなくて座りこんだ。王子さまは言った。

「いいね……話はこれで全部だよ……」

王子さまはまだ少しだけためらってから、立ちあがった。そして一歩前に踏みだした。僕は動けなかった。

王子さまの足首の辺りにただ黄色い閃光が走っただけだった。少しの間、王子さまは動かなかった。叫び声も上げなかった。そして一本の木が倒れるように、ゆっくりと倒れた。砂の上だったから、音も立てなかった。

読解のポイント

「黄色い閃光」とは何かと敢えて問うまでもないでしょう。これが二人の別れの情景です。王子さまが最後に口にしたのは「責任」の一言でした。「君は君が手なずけたものに対して、いつまでも責任がある」という狐の教えが王子さまの行動を導いたのです。

それにしても、王子さまと〈手なずける／手なずけられる〉の関係を持ったのは花だけではありません。狐や「僕」もそうでした。それなのに、なぜ王子さまは花をえこひいき（？）するのでしょう。花が「すごく弱い」から放っておけないのでしょうか。或いは、恋愛は友情に勝るという簡単な話なのでしょうか。それとも、狐には金色の麦畑が、「僕」には五億の鈴があるのに、花には何の救いも慰めも与えてやれていない――そう考えると、王子さまは居ても立ってもいられなかったのでしょうか。理由は他にも考えられるでしょう。『星の王子さま』を課題本にして読書会を開くなら、この問をめぐって意見を出し合うのも面白いのではないかと思います。

サン＝テクスは『星の王子さま』の刊行と前後してアメリカを去り、祖国フランスのために戦線に復帰しました。死の危険は百も承知の上でした。そんな彼の姿が、命を賭して故郷の星に帰ろうとする王子さまと重なると考える読者もいるでしょう。この点でも、あるいはこの点でこそ、王子さまは作者の分身だったと言えるかもしれません。

子供時代

　僕はどこの出身か？　子供時代の出身だ。ある一つの国の出身であるように子供時代の出身だ。——これは『戦う操縦士』(1942) の一文です。どうやらサン゠テグジュペリは「どんな大人も最初は子供だった」ことをけっして忘れない少数派の一人だったようです。その彼の子供時代の主な舞台は、生まれ故郷リヨンの北東50キロほどのところに位置するサン゠モーリス・ド・レマンスの館でした。父親の死後、サン゠テクスは4人のきょうだいとともに母に連れられ、親戚のド・トリコー伯爵夫人が所有するルイ16世風の壮麗な館に一年の半分を過ごしに行くようになったのです。彼にとって、そこは終生忘れられない思い出の場所になりました。後年、サハラ砂漠に不時着して一人きりで夜を迎え、不意に蘇ったサン゠モーリス・ド・レマンスの記憶に励まされることもありました。

　サン゠モーリス・ド・レマンスの館には広い庭園がありました。サン゠テクスの二番目の姉シモーヌの回想によると、5人の子供たちは庭園の樹の上やリラの木立の奥に隠れ家を作り、そこにそれぞれ大切なものを運び込んでいたそうです（サン゠テクスの場合はモーターや道具類。子供の頃、彼は空飛ぶ自転車の考案に熱中しました）。ときには隠れ家にペットの兎を連れていくこともあったそうで、ちなみに彼らは兎の他にもネズミ、ロバ、ツバメの雛といろいろな動物を飼っていました。雨が降って外で遊べない日は、言葉当て遊び charade と屋根裏部屋探索です。シモーヌは屋根裏の冒険をこう振り返っています——「もうもうと立ち込める埃や落ちてくる廃材をものともせず、私たちは壁の割れ目や古い梁を調べ、例の宝物を探しました。そうです、古い家にはかならず宝物があると思っていたのです。私たちがどこかに隠されていると確信していたその宝物が、アントワーヌの全生涯に光を投げかけたのです」『星の王子さま』の読者なら、この最後の一文には深く頷くところがあるでしょう。

　サン゠テクス自身はサン゠モーリス・ド・レマンスの館で過ごした日々をどんな言葉で振り返ったでしょうか。1930年に母親に宛てた手紙にはこうあります——「僕たちが考案した言葉遣いや遊びから成るあの子供時代の

思い出の世界は、もう一つの世界よりもつねに絶望的なほど本物らしく思えます」ここで言う「もう一つの世界」とは要するに現実の世界のことです。また、『人間の大地』にはこんな一節があります——「僕は［……］子供時代の遊びを思い出す。金色の輝きを帯びた薄暗い庭園に、僕らは神々を住まわせていた。あの一平方キロメートルの敷地の全貌を知ることはけっしてなかったし、そこを歩きつくすこともできなかった。あれは僕らにとって果てしなく広がる王国だった。僕たちは一つの閉ざされた文明を築いていた。そこでは一歩一歩に味わいがあり、すべてのものに意味が備わっていた。他のどんな文明圏にも見出せない味わいと意味だった」

　『星の王子さま』においてサン=テグジュペリは一貫して子供の力に信を置いています。この場合の力とは、煎じ詰めれば＜しあわせに生きる力＞のことでしょうが、それにしても、なぜ彼は子供にそこまで信頼を寄せることができたのでしょう。それはやはり、子供とは「一つの閉ざされた文明」を自ら作り出すことのできる存在だと知っていたのが大きいのでしょう。自ら作り出した文明に身を置き、「一歩一歩に味わいがあり、すべてのものに意味が備わって」いると感じていたサン=モーリス・ド・レマンスでの日々が、この作品のベースにあるようです。

リヨン郊外、サン=モーリス・ド・レマンスの館

▶51

51. Et maintenant bien sûr, ça fait six ans déjà... (1)

Et maintenant bien sûr, ça fait[1] six ans déjà... Je n'ai jamais encore raconté[2] cette histoire. Les camarades qui m'ont revu ont été bien contents de me revoir vivant. J'étais triste mais je leur disais : « C'est la fatigue... »

Maintenant je me suis un peu consolé. C'est-à dire... pas tout à fait. Mais je sais bien qu'il[3] est revenu à sa planète, car, au lever du jour, je n'ai pas retrouvé son corps. Ce n'était pas un corps tellement lourd... Et j'aime la nuit écouter les étoiles. C'est comme cinq cents millions de grelots...

Mais voilà qu'il se passe quelque chose d'extraordinaire. La muselière que j'ai dessinée pour le petit prince, j'ai oublié d'y[4] ajouter la courroie de cuir ! Il n'aura jamais pu[5] l'[6] attacher au mouton. Alors je me demande : « Que s'est-il passé sur sa planète ? Peut-être bien que[7] le mouton a mangé la fleur... »   (XXVII)

Note 1) ça fait＋期間：〜になる。Ça fait deux ans que j'habite à Tokyo.：東京に住んで2年になる　2) ai [...] raconté：raconter の直説法複合過去。複合過去がこのくだりの時制の主調となり、「僕」の語りの口語的な性格が強まる　3) il：王子さまのこと　4) y = à la muselière que j'ai dessinée pour le petit prince　5) aura [...] pu：pouvoir の直説法前未来。ふつう前未来は未来のある時点において完了しているはずの行為を示すが、この前未来は過去の推測の表現。Elle n'est pas là, elle aura manqué le bus.：彼女は来ていない。バスに乗り遅れたのだろう　6) l' (＜la) = la muselière　7) Peut-être bien que：たぶん〜だろう

51. 今ではもう六年も前のことになるが……(1)

　もちろん今ではもう六年も前のことだ……。僕はこの話をまだ誰にもしたことがなかった。仲間たちと再会したとき、彼らは僕が生きて戻ったことをとても喜んでくれた。僕は悲しい気分だったけど、彼らには「疲れてるから……」と言っておいた。

　今では僕の悲しみも少し癒えた。ということはつまり……まだ完全に癒えてはいないということだ。だけど、王子さまが自分の星に戻ったことはよく分かってる。というのも、夜が明けても、王子さまの体がどこにも見つからなかったから。そんなに重い体ではなかったわけだ……。そして今は、夜、星に耳を澄ませるのが好きなんだ。まるで五億の鈴の音みたいで……。

　だけど、じつはとんでもないことになっている。王子さまに口輪を描いてあげたとき、その口輪に革ひもをつけるのを忘れてしまったんだ。王子さまは羊に口輪をはめられなかっただろう。こんな疑問が頭をよぎる。「王子さまの星でいったい何が起きただろう。もしかすると、羊が花を食べてしまったのでは……」

読解のポイント

夜が明けると王子さまの体がどこにも見当たらない──これは不思議な話です。キリストの遺体がいつのまにか消えていたという新約聖書の記述が思い出されます。この奇妙な事実をどう受けとめればよいでしょう。もともと王子さまは存在しなかった、生死の境を彷徨っている「僕」の頭に宿った幻影にすぎなかったのだと考えてみたらどうでしょう。身も蓋もない話ではありますが、これが理に適った考えかもしれません。(ちなみに、たった一度ですが、「まぼろし」を意味する apparition という語が王子さまを指すのに使われています。28ページ参照のこと。)ですが、「僕」はここでそんな散文的な思考にきっぱりと背を向け、王子さまの体が見つからないのは、王子さまが生身のまま星に帰った証拠だと信じて疑いません。そう信じる力があればこそ、夜空に五億の鈴を鳴り響かせることもできるのです。

52. Et maintenant bien sûr, ça fait six ans déjà… (2)

Tantôt je me dis : « Sûrement non ! Le petit prince enferme sa fleur toutes les nuits sous son globe de verre, et il surveille bien son mouton… » Alors je suis heureux. Et toutes les étoiles rient doucement.

Tantôt je me dis : « On est distrait une fois ou l'autre[1], et ça suffit ! Il a oublié, un soir, le globe de verre, ou bien le mouton est sorti sans bruit pendant la nuit… » Alors les grelots se changent tous[2] en larmes !…

C'est là un bien grand mystère. Pour vous[3] qui aimez aussi le petit prince, comme pour moi, rien de l'univers n'est semblable si quelque part, on ne sait où[4], un mouton que nous ne connaissons pas a, oui ou non, mangé une rose…

Regardez le ciel. Demandez-vous : « Le mouton oui ou non a-t-il mangé la fleur ? » Et vous verrez comme tout change…

Et aucune grande personne ne comprendra jamais que ça a tellement d'importance !　　　　　　　　　　　　　　　　　　　　　　（XXVII）

Note　1) une fois ou l'autre：一度や二度　2) tous：不定代名詞 tout の複数形。les grelots と同格　3) vous：読者である子供たち　4) on ne sait où：どこかで、どこかに

52. 今ではもう六年も前のことになるが…… (2)

ときに僕はこう考える。「そんなはずは絶対にない。王子さまは毎晩かかさず
ガラスの覆いを花にかぶせてるし、羊をよく見はってる……」すると僕は幸せに
なる。すべての星が優しく笑う。

ときに僕はこう考える。「人は誰しも一度や二度はうっかりすることがある。
それで一巻の終わりだ。王子さまがある晩、ガラスの覆いを忘れるか、羊が夜中
に音もたてずに外に出るかしたら……」すると、鈴という鈴がすべて涙に変わっ
てしまう……

ここにこそ大いなる神秘がある。僕と同じように王子さまを愛する君たちに
とって、そしてまた僕にとって、どこか知らないところで、見たこともない羊が、
薔薇の花を一つ食べたか食べないかで、この宇宙が何もかも変わってしまうん
だ……。

空を見上げて、自分にこう問いかけてごらん。「羊は花を食べたか？ 食べな
かったのか？」すると、すべてのことがどんなに変わってしまうか分かるだろ
う……。

それなのに、それがそれほど大事だってことが、いつまでたっても大人には
理解できないんだ。

読解のポイント

羊が花を食べるか、食べないか、という話はすでに一度出てきました。「羊と花
の戦争」のくだりです。あのとき「僕」はぞんざいな受け答えをして王子さま
を怒らせ、泣かせてしまったのですが、今では「それがそれほど大事だってこ
と」がよく分かっています。歳をとり、少しずつ周りの大人たちに似はじめてい
た「僕」も、王子さまとのわずか数日間の交流を経て子供の心を取り戻したので
しょう。

53. Épilogue – le plus beau et le plus triste paysage du monde

Ça c'est, pour moi, le plus beau et le plus triste paysage du monde. C'est le même paysage que celui[1] de la page précédente[2], mais je l'ai dessiné une fois encore pour bien vous le montrer. C'est ici que le petit prince a apparu[3] sur terre[4], puis disparu. Regardez attentivement ce paysage afin d'être sûrs de le[5] reconnaître, si vous voyagez un jour en Afrique, dans le désert. Et, s'il[6] vous arrive de passer par là[7], je vous en supplie[8], ne vous pressez pas, attendez un peu juste sous l'étoile[9] ! Si alors un enfant vient à vous, s'il rit, s'il a des cheveux d'or, s'il ne répond pas quand on l'interroge, vous devinerez bien qui[10] il est. Alors soyez gentils ! Ne me laissez pas tellement triste : écrivez-moi vite qu'il est revenu...

Note 1) celui = le paysage 2) la page précédente：本書の130ページ 3) a apparu：apparaître の直説法複合過去。apparaître の複合過去形は être を助動詞とするのが一般的だが、助動詞が avoir になる場合もある 4) sur terre：地面の上に 5) le = ce paysage 6) il：非人称構文の主語。Il arrive à ... de ＋不定詞：…は〜することがある 7) par là：そこを通って、そのあたり 8) je vous en supplie：どうかお願いですから。挿入句として用いられている 9) l'étoile：特定の星 (＝挿絵の中の星) を指すので定冠詞が付く 10) qui：属詞になる疑問詞。Dis-moi qui c'est ?：あれが誰だか教えてくれ

53. エピローグ——世界で最も美しく、最も悲しい風景

　これは僕にとって、世界で最も美しく、最も悲しい風景だ。前のページのと同じ風景だけど、君たちによく見てもらおうと思ってもう一度描いたんだ。小さな王子さまが地上に現れたのも、消えたのもここだった。注意してよく見てほしい。いつか君たちがアフリカの砂漠を旅したとき、この風景をちゃんと見分けられるように。もしここを通りかかったら、お願いだから先を急がず、星の真下で少し待っていてもらいたい。そこに一人の子供がやって来て、その子が笑って、その子の髪が金色で、こちらの質問に返事をしなかったら、もう君たちにはそれが誰だか分かるよね。そのときは頼むよ、僕をこんなふうに悲しませておかないで、すぐに手紙で知らせてほしい、あの子が帰ってきたと……。

読解のポイント

　2本の線と1つの星からなる実にシンプルなデッサンですが、「僕」にとってだけでなく、この物語を最後まで読み進めてきた読者にとっても、これはやはり「世界で最も美しく、最も悲しい風景」ではないでしょうか。不在そのものの形象化とも言うべきこの絵は、大切な存在を失った人の心を映しだしているようです。と同時に、このがらんとした風景が、新たな奇跡を迎えいれる場のようにも見えます。

　「僕」にはお気の毒ですが、このデッサンから、そのモデルとなった場所を特定するのは不可能です。何しろ目印になるものが何一つ描きこまれていませんから。ですが、きっとその方がよいのでしょう。というのも、いつか本当にこの絵を目に焼きつけて砂漠を旅する読者がいるとしたら、その読者は場所を特定し得ないだけに、「あの絵に描かれていたのはここかもしれない……」「王子さまがあそこに現れるのでは……」と胸騒ぎを覚えつづけるでしょうから。荒涼とした砂漠が、出会いの予感に満ちた不思議の国に変わるのです。ひょっとするとこれは「僕」から心ある読者へのプレゼントなのかもしれません。別れ際に贈り物をするのは狐から王子さまが、そしておそらく王子さまから「僕」が学んだ大切な作法のはずです。

139

冒険家たち——サン゠テグジュペリ受容の一側面

　『星の王子さま』を始めとしてサン゠テグジュペリの作品には世界中に熱心なファンがいます。その中には詩人、小説家は言うに及ばず、舞台人、ミュージシャン、画家、アニメーション作家もいて、サン゠テクスの影響はじつにさまざまな領域におよんでいる模様です。その実態の解明は今後に待たれますが、一つ忘れずにいたいのは、どうやらファンの中には冒険家も少なくないらしいということです。

　サン゠テクスはみだりに死と戯れることを嫌い、「闘牛士は好きじゃない」「僕が好きなのは生きることだ」と述べています。が、それでも、彼の人生はつねに死の危険と隣り合わせでしたし、彼の書くものからは〈ぎりぎりのところで生きている〉という感じがひしひしと伝わってきます。そこが冒険家や登山家の心を惹きつけるのでしょうか。例えばサバイバル登山家の服部文祥は「よたよたと大地を離れた飛行機は登山者と似て野望を乗せて」という秀逸なタイトルで『夜間飛行』と『人間の土地』の書評を書いています。そこでは登山と旧式の飛行機の共通の目標が「自然環境への人間的な挑戦」にあったとされています。この一文を含む書評集は『You are what you read. あなたは読んだものに他ならない』（本の雑誌社）と題されていますから、サン゠テクスの本がこの登山家の血肉の一部を成しているのはまちがいないのでしょう。他方、日本人女性として初めてK2登頂に成功し、植村直己冒険賞を受賞した小松由佳も、サン゠テグジュペリの作品から何らかの示唆と励ましを得た一人と見てよさそうです。小松由佳のノンフィクションの著作『人間の土地へ』（集英社インターナショナル）にはエピグラフとして堀口大學訳『人間の土地』のこんな一節が載っています——「人間に恐ろしいのは未知の事柄だけだ。だが未知も、それに向かって挑みかかる者にとってはすでに未知ではない、ことに人が未知をかくも聡明な慎重さで観察する場合なおのこと」。これはアンデス山中に不時着したギヨメの苦闘を語ったくだりの一文です。

　本国フランスの例も一つくらい挙げるとすれば、やはりガストン・レビュファ（1921-85）でしょうか。レビュファはアルプスの6大北壁を制覇した

登山家として、また優れた山岳ガイドとして盛名を馳せる傍ら、サン=テグジュペリの影響の下に文筆活動に携わった人です。彼の著作を日本に紹介した近藤等は、彼を「山のサン=テグジュペリ」と呼んでいます。山岳ガイドの仕事の醍醐味を語った一文から引用しましょう。こんな文章を書く人です。

　ガイドは自分のために登るのではない。庭師がその庭園の柵を開くように、彼の山々の扉を開くのだ。仕事を行うに当たって、高山は素晴らしい舞台であり、登ることは、彼にあくことのないよろこびを与えるが、なによりも、自分が導いている相手の幸せによって報いられているのだ。どの登攀が実に面白いとか、どこの曲り角で眺めが急にすばらしくなるとか、どこの氷の山稜はまるでレース飾りのようだといったことを知っているが、口には出さない。彼の報いは、相手がそれを発見した時の笑顔の中にあるのだから。［……］彼は困難を愛するが、危険は大嫌いだ。この二つの観念はまるっきり違っている。時には落雷に打たれ、落石や雪崩に襲われて死ぬこともある。これもその職業の性質上、やむをえない。しかし、生きているかぎり、彼はそのザイル・パーティをリードするために闘うのだ。（ガストン・レビュファ『星と嵐──6つの北壁登行』近藤等訳、山と渓谷社）

　サン=テクスが好んだ語彙（「庭師」「職業」等）や発想（困難と危険の区別）を引き継ぎながら、自分自身の経験をもとにザイルで結ばれた二人の関係を見直していて、味わい深い文章です。特に「彼の報いは、相手がそれを発見した時の笑顔の中にあるのだから」の一文は印象的です。ちなみにかの植村直己は若き日にレビュファのこの本を読み、「強力にアルプスの魅力にひきつけられた」のだそうです（『青春を山に賭けて［改訂新版］』毎日新聞社）。サン=テグジュペリを基点とする登山家、冒険家の系譜を辿ってみるのも面白いでしょう。

アントワーヌ・ド・サン=テグジュペリ年譜

1900年		6月29日、リヨン市ペラ通り（現アルフォンス・フォシエ通り）8番地で、ジャン・ド・サン=テグジュペリ伯爵とマリー・ド・フォンコロンブの第三子として誕生。長女マリー=マドレーヌは1897年、次女シモーヌは1898年生まれ。
1902年	2歳	弟フランソワ誕生。
1904年	4歳	妹ガブリエル誕生。父ジャン急逝。これ以降、母マリーと5人の幼い子供たちは、母方の大叔母ド・トリコー伯爵夫人の所有するサン=モーリス・ド・レマンスの屋敷で年の半分を過ごすようになる。
1912年	12歳	サン=モーリス・ド・レマンス近くのアンベリュー飛行場で初めて飛行機に乗せてもらう。
1917年	17歳	弟フランソワが病死。
1919年	19歳	海軍兵学校の入試に失敗。パリの美術学校建築科の聴講生になる。
1921年	21歳	兵役に就き、ストラスブールの第2航空連隊に配属される。民間飛行免許を取得する。
1923年	23歳	ル・ブールジェ飛行場で墜落事故を起こす。兵役終了。ルイーズ・ド・ヴィルモランと婚約するも、相手側から婚約を破棄される。
1926年	26歳	文芸誌『銀の船』に短編「飛行士」が掲載され、作家としてデビュー。トゥールーズにあるラテコエール社（後のアエロポスタル社）に就職し、パイロットとして働く。
1927年	27歳	トゥールーズ–カサブランカ線とカサブランカ–ダカール線の定期郵便飛行に従事。スペイン領西サハラのキャップ・ジュビー（現モロッコのタルファヤ）に飛行場長として赴任。
1929年	29歳	『南方郵便機』刊行。ブエノスアイレスに派遣され、南米大陸の郵便航路開発に携わる。
1930年	30歳	アンデス山脈で遭難した同僚のアンリ・ギヨメを捜索（ギヨメは奇跡的に生還）。エルサルバドル出身のコンスエロ・スンシンと出会う。

1931年	31歳	フランスに帰国。コンスエロと結婚。『夜間飛行』出版。同作によりフェミナ賞受賞。作家のレオン・ヴェルトと知り合ったのはこの頃か。
1932年	32歳	サン=モーリス・ド・レマンスの屋敷がリヨン市に売却される。
1933年	33歳	南仏サン=ラファエルで水上飛行機の着水に失敗。
1935年	35歳	パリ・ソワール紙の特派員としてモスクワに滞在し、ルポルタージュを執筆する。サン=テグジュペリのシナリオによる映画「アンヌ=マリー」撮影 (レーモン・ベルナール監督。主な出演者はアナベラなど)。パリ—サイゴン間の長距離耐久飛行レースに挑み、リビア砂漠に墜落。
1936年	36歳	ラントランジジャン紙の特派員としてスペイン市民戦争を取材し、ルポルタージュを執筆。
1938年	38歳	ニューヨーク–プンタアレナス間の長距離飛行に挑み、グアテマラで離陸に失敗。ニューヨークで療養する。
1939年	39歳	『人間の大地』刊行。同作によりアカデミー・フランセーズ小説大賞を受賞。(その後、英訳版は全米図書賞を受賞。) 第二次世界大戦が勃発し、偵察部隊に配属される。
1940年	40歳	危険な偵察飛行に従事する。独仏間に休戦協定が結ばれ、動員を解除されると、ドイツ占領下のフランスを離れ、ポルトガル経由でアメリカを目指す。年末に船で大西洋を渡ってニューヨークに到着。この年、『城砦』執筆。
1941年	41歳	体調不良のため手術を受け、カリフォルニアで療養。
1942年	42歳	『戦う操縦士』のフランス語版と英訳版がアメリカで出版される。女性ジャーナリスト、シルヴィア・ハミルトンと親しくなる。『星の王子さま』執筆。『戦う操縦士』がフランスでも出版され、ヴィシー政府により発禁になる。
1943年	43歳	4月、『星の王子さま』のフランス語版および英訳版がアメリカで出版される (フランスでの出版は1946年)。ニューヨークを去ってアルジェへ。偵察部隊に復帰する。着陸の失敗により予備役に回される。『ある人質への手紙』がニューヨークで出版される。『城砦』執筆を続ける。
1944年	44歳	サルディーニャ島の偵察部隊に復帰。7月31日、コルシカ島ボルゴ基地から偵察飛行に発ち、そのまま消息を絶つ。

編著者略歴

渋谷豊（しぶや・ゆたか）
信州大学人文学部教授。パリ第四大学文学博士。
著書に『両大戦間の日仏文化交流』（共著、ゆまに書房）、『酒読み』（共著、社会評論社）など、訳書にボーヴ『ぼくのともだち』『きみのいもうと』『のけ者』（以上、白水社）、サン゠テグジュペリ『人間の大地』（光文社）、ヴェルヌ『海底二万里』（KADOKAWA）、サトラピ『鶏のプラム煮』（小学館集英社プロダクション）など。

ナレーター略歴

ジョルジュ・ヴェスィエール　Georges Veyssière
獨協大学専任講師。専門はフランス中世文学、フランス語教育。
著書に『クラウン フランス語単語』［入門・中級・上級］（三省堂）、『アクション！ フランス語A1』（共著、白水社）、『時事フランス語 *Hirondelle*』（共著、朝日出版社）など。

対訳 フランス語で読む「星の王子さま」（音声DL付）

2025年4月20日　印刷
2025年5月10日　発行

編著者 © 渋　谷　　豊
発行者　　岩　堀　雅　己
印刷所　　株 式 会 社 三 秀 舎

発行所
〒101-0052 東京都千代田区神田小川町3の24
電話 03-3291-7811（営業部）, 7821（編集部）　　株式会社白水社
www.hakusuisha.co.jp
乱丁・落丁本は送料小社負担にてお取り替えいたします。

振替　00190-5-33228　　　Printed in Japan　　　　　加瀬製本

ISBN978-4-560-09936-0

▷本書のスキャン、デジタル化等の無断複製は著作権法上での例外を除き禁じられています。本書を代行業者等の第三者に依頼してスキャンやデジタル化することはたとえ個人や家庭内での利用であっても著作権法上認められていません。